असीम सत्य

अभिषेक कपूर

Made with ♥ on the Notion Press Platform
www.notionpress.com

अनगिनत प्रेरणा स्रोत

जिनको पढ़ कर सुन कर

इतना विश्वास जगा

कि एक नाटक लिख पाया

क्रम-सूची

प्रस्तावना

जीवन के अर्थ के सम्मुख मृत्यु अर्थहीन है। जीवन विशाल रूप है और मृत्यु एक छोटा सा पड़ाव। समस्त अर्थों और सत्यों का प्रमाण है जीवन।

निरंतर सत्य के बीच रहना ही सफल जीवन है। निरंतर सत्य का सामना करते रहना, सारे ज्ञान को अपने तक आने देना और स्वयं के स्वरुप को जागृत करके सर्वव्यापी स्वयं में अस्तित्व की परिभाषा को प्रवाहित करना ही प्रगति है।

स्वयं हर स्थान पर परिभाषित है। अंदर भी और बाहर भी। विलीन करने से उसको नकारा नही जा सकता। विलीन करने पर सर्वव्यापी स्वयं से उसका इतना गहरा अनुबंध हो जायेगा की सर्वज्ञान पर स्वयं का हक़ हो जायेगा।

कर्म सत्य है। उद्देश्य, उन्नति का सत्य है। शरीर सत्य है। आत्मा की सत्यता से शरीर की सत्यता कम नहीं होती। उन्नति ध्येय , इच्छा नहीं। ध्येय की पूर्ति शरीर और आत्मा का कर्तव्य है।

ध्येय की सीमायें नहीं होती। ध्येय बांटा नहीं जाता। ध्येय एकाकी होता है।

प्रयास से बड़ी कोई शक्ति नहीं। "कुछ हो जायेगा" प्रयास हीनता है। पर "कुछ कर लूंगा" प्रयास का एक मुख्य स्रोत है। ध्येय के लिए, प्रयास के लिए जब सारा शरीर उत्तरदायी है तो परिणाम का सारा श्रेय भी उसी शरीर का होगा। बांटा कुछ नहीं जाता। व्यापार अवश्य हो सकता है।

पर ध्येय, प्रयास और परिणाम व्यक्तिगत ही हो सकती हैं। व्यक्ति जो समाज की मूलभूत रचना है, व्यक्ति जो उन्नति का स्त्रोत है, व्यक्ति जो सत्य है उसे नकारा नहीं जा सकता।

यदि व्यक्ति शांत है, यदि वह सत्य का निडर और निश्चिन्त होकर सामना कर सकता है, यदि उसे अपने मूलभूत कर्तव्य यानी निरंतर उन्नति का बोध हो और वह अपने इस कर्तव्य के पथपर जीवन पर्यन्त एकाग्र होकर चलने की हठ ठान ले तो वह समाज के लिए मूल्यवान हो जाएगा, यदि समाज को बोध रहा तो ।

परंतु वह एक खतरा होगा उनका जो निष्किय हैं, जो स्वयं से हीन हैं तथा जिन्हे उन्नति का सामना करने में डर लगता है । डर, कि वे श्रेय ले पाएंगे। डर !

स्वतंत्रता है तो बहुत सुन्दर शब्द पर इसका उपयोग करना उतना ही कठिन। स्वतंत्रता एक जीवन पध्दति है । स्वतंत्रता का अभिप्राय परतंत्रता से बचना नहीं है । स्वतंत्रता का अर्थ है लक्ष्य चुनने का आकांक्षा करना तथा उसकी पूर्ति के मार्ग के उपर चलने का साहस करना। स्वतंत्रता उपयोग करी जाती है। पाकर रखी नहीं जाती ।

जीवन उन्नति के बिना मृत्यु में बदलता है। वैसे ही स्वतंत्रता उद्देशयपूर्ण कर्म के बिना परतंत्रता में बदलती है । मानसिक परतंत्रता जहां ध्येय का न होना, चुनौतियों का न होना, कर्म का न होना ही सब कुछ हो, मृत्यु का परिचायक है ।

जीवन का अर्थ मात्र स्वतंत्रता है। हर कीमत पर। हर मूल्य पर । पहला सिध्दांत है यह।

भूमिका

समय - १९९० , भारत में एक फिल्म डायरेक्टर प्रोड्यूसर जो जीवन के मूल सत्य का, मूल वर्तमान का, देश की स्पष्ट स्थिति का फिल्म में सरल चित्रण तो करता ही है साथ ही एक संदेश भी देता है । संदेश है कर्म का, स्वयं पर आधारित कर्म जिसमें तमाम धारणायें और नियम, जिन्हे हम आजतक जबरदस्ती अपनी संस्कृति मानकर स्वीकार करते रहे हैं, टूट जाते हैं।

स्वतंत्रता - मूलभूत, वैचारिक, निर्भय , निश्चित स्वतंत्रता का चित्रण करती हुई ये फिल्म किसी प्रचलित धारणा पर चोट नहीं करती । पर एक ऐसी सरल समाज की स्तुति करती है कि सारी परतंत्रता, सारे अवरोध टूटते जाते हैं और साथ ही नष्ट होती हैं इन अवरोधों पर आसन लगाये तमाम नकारात्मक तत्वों की नींव ।

यहाँ से विरोध आता है । प्रश्नोत्तरों का एक अटूट सिलसिला । वाद विवाद की एक लड़ी लगती है । दोनों पक्षों का पूर्ण चित्रण। पूरा भाग। अंततः विजय तो सत्य की होती है। पर सत्य को इसकी ज़रुरत नहीं । सत्य स्वयं सृजन है और असत्य के लिए, किसी सृजन का कोई मूल्य नहीं । सत्य के लिए जीवन रुकता नहीं । एक सृजन पर वह ठहरता नहीं। चिंतन भी रुकता नहीं। निरंतर आगे बढ़ता है वह। और असत्य रुक जाता है एक सृजन का विरोध करते हुए ।

सत्य की विजय है क्योंकि आज वह असत्य को इसका भी अधिकार नहीं देगा कि वह तथाकथित समाजविरोधी चलचित्र का विरोध करे । सृजन और अगले सृजन के लिए वर्तमान को भूत का रूप देने का अधिकार मात्र सत्य का है । मात्र उस डायरेक्टर या प्रोड्यूसर का।

आमुख

यह नाटक लिखा गया था १९९६ में। हाथ से लिखा और टाइप राइटर पर टाइप करवाया था। फिर भूल ही गया !

कई वर्षों के बाद याद आया। फिर OCR यानी ऑप्टिकल करैक्टर रिकग्निशन सॉफ्टवेयर ढूंढा, स्कैन किया और करेक्शन किया। लगभग २९ वर्ष के बाद ये नाटक छपा ! आप समझ सकते हैं की कितना आलसी लेखक हूँ मैं।

क्षमा याचना के साथ,
प्रस्तुत करता हूँ
"असीम सत्य"

1

पात्र

मुख्य पात्र

१. असीम :

फिल्म प्रोड्‌यूसर / डायरेक्टर जिसने स्वयं को अपने कर्म में पूर्ण रूप से समर्पित किया है । जिसका ध्येय ख्याति नहीं वरन् स्वयं की सम्पूर्णता तथा अनंत एकरूपता का अनुभव करना है। जिसकी सन्तुष्टि परम सत्य अर्थात निराकार ऊर्जा की परम शक्ति से उपजती श्वेत, नितांत श्वेत, उज्ज्वल किरन को अनुभव करने में निहित हैं ।

जो जितनी सरलता से आनन्द को ग्रहण करता है। उतनी ही सहजता से उसे अन्त का द्वार दिखा कर आनेवाले सुन्दर सत्य और अर्जित आनन्द की प्रतीक्षा करता है । उसका जीवन बोझ नहीं है । वह तो एक ऐसी ऊर्जा से संचालित है जिसका वर्णन भावों से परे है।

शांत, सम्पूर्ण पुरुष। वह सहज सत्य द्वारा मार्गदर्शित है। उसे दौड़ना पड़ता नहीं, वह दौड़ जाता है । उसे जीतना पड़ता नहीं। वह तो पहले ही जीता हुआ है । बस विजय का अनुभव ही तो करना है । उसे जीना पड़ता नहीं। वह तो स्वयं जीवन है । उसे दुःख से दूर नहीं भागना होता। वह

सुख के इतना करीब है। मूलभूत सुख ! उसे हँसना नहीं पड़ता । वह तो जीती जागती मुस्कराहट है ।

सरल, सहज, सम्पूर्ण मानव। एक सत्य परम सत्य। सम्पूर्ण पुरुष मनुष्य।

२. रागिनी :

असीम की सहभागिनी। असीम के सुखों की अधिकृत सहयोगी । असीम की सम्पूर्णता का नारी रूप । एक सम्पूर्ण नारी-मनुष्य एक नारी जो मां भी है, जो प्रेयसी भी है और मनुष्य भी। मनुष्य की सारी परिभाषाये सबसे पहले अपना कर रागिनी उस सम्पूर्णता का अनुभव करती है जिस पर मानव का मूलभूत अधिकार है। और उसके बाद मां और प्रेयसी की सम्पूर्णता का जीवंत रूप बनकर सत्य को स्वयं में ढालती है ।

नाट्यरूप में वह एक फोटोगाफर है, और अपनी फोटोग़ाफी एजंसी की मालिक भी । सिध्दांतों का सचित्र रूप।

एक कर्मशील नारी - मनुष्य।

३. कौशल

तथाकथित स्वतंत्र समाज का स्वयंभू प्रतिनिधि। परतंत्रता, मानसिक शिथिलता और बंधनों का वास्तविक प्रतीक। राजनीति का माहिर और स्वयं से भली भांति परिचित। शोषण की वास्तविक सत्य परिभाषा को अपनाकर, समाज की वर्तमान ढकी हुई परतंत्रता के सहारे अपनी तथाकथित उन्नति की ओर अग्रसर शक्ति का भूखा चालाक और तीव्र बुध्दि का मालिक परन्तु मानवीय रूप से मृत पुरुष ।

अन्य पात्र

४. *सरगम :*

असीम - रागिनी के परिवार का मानवीय सृजन। सात वर्षीय कन्या जिसकी उत्सुकता कथा में सरल परन्तु मूल प्रश्नो को यदाकदा जन्म देती है ।

५, ६. आरती, सृष्टि :

रागिनी की सहयोगी फोटोगॉफर, और मित्र भी।

७. *नीरज :*

असीम का मित्र और तकनीकी सलाहकार। असीम का वैचारिक प्रतिनिधी भी ।

८, ९. *कार्तिक, मानसी :*

मूवी के दो कलाकार

१०. कुमार :

सेंसर ज्युरी का अध्यक्ष

११, १२, १३. *जयंत, राजेश, नीलेश :*

ज्यूरी के अन्य तीन सदस्य

१४. *बैचारा :*

परिचय कर्ता

2
मुख्य कथानक

प्रथम अध्याय :

सृजन का स्वरुप और उससे प्राप्त शांति तथा आनन्द की अनुभूति । दूसरे शब्दों में, आनन्द के वास्तविक रूप का कर्म रुपी फल और चित्रण ।

द्वितीय अध्याय :

मूवी की सफलता। प्रोफेशनल स्तर पर बॉक्स ऑफिस में धन का अर्जन। समाज में एक विचित्र अनुभूति और एक क्रन्तिकारी विचार का जन्म। प्रतिनिधियों द्वारा विरोध शुरू और धीरे धीरे आंदोलित, संगठित विरोध। सेंसर द्वारा मूवी की सभी प्रतियां जब्त। कानूनी प्रक्रिया शुरू।

तृतीय अध्याय :

सेंसर के साथ असीम का विचार विनिमय। वाद विवाद के बाद सेंसर बोर्ड कुछ शर्तों के साथ समझौते का इच्छुक परन्तु असीम द्वारा किसी भी समझौते से इन्कार।

अंतिम दृश्य :

असीम पुनः उसी जोश से नूतन सृजन की ओर उन्मुख ।

3

पुनः विचार

प्रथम अध्याय :

नायक द्वारा सृजन की खोज । नायक में एक नया जीवन और जिसकी परिणति एक उत्कृष्ट मूवी में । इस अध्याय में नायक सरल उच्च जीवन का अर्थ स्पष्ट करेगा । वह प्रारम्भ में एक सामान्य नागरिक है । बंधनों से, चिंता से, डर से और निरर्थक विचारों से घिरा । एकाएक वह ज्ञान पाता है और कर्मशीलता तथा विश्वास की मूर्ती बन जाता है । कर्म का प्रतीक नायक कैसे सफल मूवी बनाता है, इसका चित्रण ।

द्वितीय अध्याय :

नायक तो पूर्णत्व प्राप्त करता है पर समाज नहीं । अधूरा समाज कैसे नायक के विचारों व सृजन कृति को स्वीकार अस्विकार करता है और फलतः आंदोलित होता है , मानसिक रूप से, इसका चित्रण ।

तृतीय अध्याय :

नायक जब विवाद - तर्क करता है तो उसका सफल सार्थक प्रभाव किस हद तक पड़ता है, यह दिखाना है । यही विचारणीय है । प्रश्नो को तथा ध्येय को स्वीकृति तो मिली पर पूर्णतया उसका पालन नहीं होता । कैसे एक शून्य उभरता है और क्या विकल्प है यह चिंतन इस अध्याय में होगा। विकल्प तथा वर्तमान। अंततः नायक नूतन सृजन की ओर उन्मुख ।

4

प्रथम गीत

अग्नि तेरा पुत्र हूँ मैं ।
शीश पर धारण किया तेरा मुकुट ,
जिस समय से मैं बना मानव कोई,
अनगिनत थे ध्येय मेरे ख्वाब में,
स्वयं से उपजी अनेको मंजिलें,
कुछ बचीं कुछ पा चूका
पायी विजय मैंने समर में ।
धरा की हर धरोहर मेरे लिए,
समय की बहती लहर मेरे
कृति, चिंतन और परिवर्तन मेरा,
लक्ष्य पथ मेरा, प्रलय मेरे लिए,
सफल सुंदर सार्थक का,
कर्म रूपी अर्थ हूँ मैं ।
अग्नि तेरा पुत्र हूँ मैं ।

5
परिचय

बेचारा :

मैं हूँ बेचारा, क्योंकि मूल कथा में मेरी कोई, किसी भी प्रकार की दखलंदाजी नहीं हो सकती। सूत्रधार ऐसे ही होते है । मैं तो बीच बीच में आकर अपनी तथा आपकी भावनाओं का आदान प्रदान करने टपक जाया करूँगा।

ऐसा करना पड़ता है । हमें बीच बीच में आकर थोड़ा समय मिलना जरूर होता है । जिससे हम सामान्य गण आपस में वार्तालाप कर सकें और थोड़ा सा ध्यान लगाकर उन सब बातों पर गहन विचार कर सकें जिन्हे हमने कुछ समय पूर्व देखा और सुना है ।

इसलिए मैं तो यहीं समझूँगा कि नाम मेरा चाहे ही बेचारा हो पर मैं इस समय बहुत उपयोगी हूँ । बेचारा "उपयोगी " |

परिचय का काम शुरू किया जाय।

हम कुछ देर में एक फिल्म निर्माता से मिलेंगे जिसका नाम है असीम। असीम एक शक्ति है । एक जीती जागती शक्ति। असीम समर्पित है अपनी संस्था को।

असीम की सहभागिनी। कार्यक्षेत्र और गृह दोनों में। पूर्ण सहभागिनी जिसका नाम है रागिनी ।

रागिनी एक प्रोफेशनल फोटोग्राफर है । वह असीम की फिल्म संस्था में विडियो फोटोग्राफी का काम सम्हालती है ।

उनकी एक संतान है सरगम।

"कौशल " हमारे इस समाज को नेतृत्व देने का प्रयास करता है। और किस तरह उसकी प्राथमिकता समाज के मूल परिवर्तन से मुड़कर नेतृत्व तक सिमटती है हम देखेंगे थोड़ी देर में।

आरती और सृष्टि रागिनी की मित्र है और उसकी फोटोग्राफी की संस्था में सहभागिनी भी हैं । असीम का एक मित्र है जिसका नाम है नीरज।

अन्य पात्रों में असीम की फिल्म के मुख्य पात्र कार्तिक तथा मानसी और कुछ अन्य जिनके बारे में आप स्वयं जान जायेंगे और यदि नहीं जाने तो ये बेचारा उपयोगी तो है ही आपकी खातिर में ।

एक बात और। हमारे इन सभी पात्रों की कोई जाति नहीं है। सत्य को जाति की आवश्यकता नहीं होती। सत्य बांधा नहीं जा सकता। सत्य उन्मुख होता है । सत्य असीम होता है ।

तो प्रस्तुत है " असीम सत्य "

6

प्रथम दृष्य

<u>लघु दृष्य १</u>

एक इंजिनीरिंग कारपोरेशन "प्रीमियम टेक " के चीफ इंजिनियर के आफिस का दृश्य जो कि एक प्रयोगशाला के जैसा रूप ले चुका है। असीम जो कि चीफ इंजीनियर है एक इंजन पर काम कर रहा है । जिसके बारे में कुछ समीकरण और कुछ ग्राफ और चित्र पास में लगे एक बोर्ड पर लिखे/बने हैं । ग्रीस और पेट्रोल की कुछ बोतलों के साथ आटो मोबाइल इंजीनियरिंग की कुछ किताबें भी बिखरी पड़ी हैं जिनमें कुछ तो उसके इंजिनीरिंग के जमाने को है कुछ नयी ।

एक ड्राइंग बोर्ड भी है । असीम एक नया इलेक्ट्रिकल सरकिट टेस्ट कर रहा है । इतने में ऑफिस का लैंडलाइन फोन बजता है । असीम काम से हटना नहीं चाहता पर हटता है कुछ देर में।

असीम :

"इंजीनियर असीम स्पीकिंग ।"

थोड़ा विचलित होकर, क्योंकि काम से हटना पड़ता है

फोन :

"गुड आफ्टरनून असीम, शायद किसी पर्सनल काम में बिजी हो ।"

एक व्यंग्य और नाराजगी से

असीम :

"कौन बोल रहे ?"

थोडा चिड़चिड़ाकर

"माफ किजिएगा पर मैं इस समय एक जरूरी एनालिसिस कर रहा हूँ, जरा जल्दी बात कर लिजिए।"

विनम्रता झलकतो हुए पर जल्दी भी है काम को जाने की

फोन :

"असीम, शायद तुम सामान्य व्यवहार भी भूल चुके हो । मैं तुम्हारा बॉस विक्रम बोल रहा हूँ । क्या मुझे भी अपना परिचय देने की ज़रुरत है ?"

स्पष्ट रोष के साथ

असीम :

थोड़ी उलझन और असामान्य विनमता डालते हुए

"सॉरी सर । वो क्या हुआ कि मोटर इंप्रूवमेंट में कुछ ज्यादा फंस गया था। थ्री स्ट्रोक इंजन "डिवाइन " में नॉकिंग कम कर के फीडबैक का मेकेनिजम सुधार कर थोड़ी एफीशेंसी सुधारने की कोशिश कर रहा था सर।"

असीम की आवाज खुशी से भरी हुई है, बच्चों सी। उसका आविष्कार जो जन्म लेनेवाला है ।

"बस लास्ट स्टेप्स की गणना कर रहा था। इसी बीच आपका फोन आ गया। नया मॉडल सफल हो गया तो हमें इंटरनेशनल पहचान मिलेगी सर । "

खुशी से सराबोर! साथ साथ अब वह ब्लैक बोर्ड पर लिखी इक्वेशन्स पर भी काम करना शुरू कर देता है । उसे अपने पर अनन्त विश्वास है

विक्रम :

"दो दिनों से तुम मुझसे मिले नहीं हो । आफिस का एक प्रोटोकॉल होता है ।"

सामान्य बॉस की जैसी आवाज

असीम :

एकाएक उत्साह में आकर क्योंकि इंजन में कुछ आशा की किरण नज़र आती है

"सेकंड वाल्व का मैकेनिज्म ठीक चल रहा है सर । शायद जल्दी ही यह मॉडल चल पड़ेगा अब। हाई फ्रीक्वेंसी की

नॉइज भी रिड्यूज हो गई है ।"

असीम ने विक्रम को नाराजगी पर गौर नहीं किया है ।

विक्रम :

"मैं कुछ काम को बात कर रहा तुमसे असीम ।"

बात में कुछ तेजी और तीखापन बढ़ चुका है

एकाएक मशीन के एक खास पार्ट की शॉफ्ट चलने लगती है । असीम प्रसन्न है और वह गियर एसेम्बली को जोड़ना चाहता है कि एक फॉल्ट होता है और मोटर लोड हो जाती है जिससे इंजिन रुक जाता है

असीम :

परेशान होकर

"मशीन लोड कर गई सर । शायद कुछ समय और लग जाए इसमें ।"

निराशा तो है पर विश्वास टूटा नहीं स्वर में । वहीं स्फूर्ति,थोड़ी बैचेनी के साथ हालांकि

"पर मै कर लूँगा सर। प्लीज सर थोड़ा समय और दीजिए ।"

विक्रम :

विकम को अहं टूटता नजर आता है। वह मोटर की बात से स्वयं को जोड़ नहीं पाता । असीम की उपलब्धि उसे अपनी पराजय लगती है और

उसका विश्वास अपना अपमान। स्वर में तीखापन बढ़ाकर , क्रोध का रुख अपनाकर वह आपा खो बैठता है

"असीम। हर बात को एक सीमा होती है । मुझे तुम्हारी मशीन की और तुम्हारे नये अविष्कार की कोई ज़रुरत नहीं ।"

बात में कड़वाहट भरा व्यंग्य

"प्रीमियम टेक चलती रही है और ऐसे ही चलती रहेगी । अगर तुम्हे बात करने की अक्ल नहीं है तो मेरे लिए यह बेहतर होगा कि तुम्हारा ट्रांसफर कर दूँ । कल से तुम पूना के मार्केटिंग सेक्शन के टेक्निकल चीफ का पद सम्हाल लो। आज शाम तक ही मैं तुम्हे ट्रांसफर ऑर्डर्स भेज दूंगा। मुझे इन-ह्यूमन्स को अपनी लैब में रखने का कोई शौक नहीं है । इंसान चाहिए मुझे बम्बई में अपने पास, जानवर नहीं।"

फोन काट देता है । असीम भौचक्का सा रह जाता है। चिल्लाकर बोलता है

असीम :

"इंसान की ज़रुरत है इस जगह को !"

रुककर

"मैं जानवर हूँ ।"

हताश होकर

"मार्केटिंग सेक्शन का टेक्निकल चीफ ।"

थोड़ी देर रुक कर

"डिवाइन तू रुकेगा नहीं ।"

अपने सीने पर हाथ रखकर

"आज के बाद तू यहां चलेगा । अपने तीनों वॉल्व्स और गियर्स के साथ तू मेरे साथ चलेगा । आज से हम साथ साथ जियेंगे । जीवन बन कर।"

विश्वास पुन : लौट आया है। एक निश्चय करने की भावना चेहरे पर स्पष्ट है । फोन घुमाता है । अपनी सहभागिनी रागिनी के लिए

रागिनी :

मंच के एक छोर से

"रागिनी हियर !"

असीम :

"रागिनी, रागिनी मैं आजाद हो रहा हूँ । बंधनों से मुक्त । नये जीवन के साथ मैं आज से एक कदम रहा हूँ । तुम्हारे प्यार की आज से मेरी आवश्यकता दुगनी हो रही है । हमेशा की तरह साथ दोगी ना तुम ? हालांकि मुझे यह पूछने की आवश्यकता नहीं है । मुझे विश्वास है । विश्वास है कि तुम मेरी पूर्ति करोगी, आचोलना नहीं ।"

"तुम्हारा सहारा नहीं चाहिए मुझे। तुम मेरी कमज़ोरी नहीं हो। न ही मदद चाहिए। कल से तुम और तुम्हारी टीम

को मेरी पहली प्रोड्यूसड एंड डायरेक्टेड मूवी का कॉन्ट्रैक्ट मिलेगा। मुझे तुम्हारी टीम चाहिए। बाकि सारे असाइनमेंट्स बाद में करोगी। मेरी मूवी पांच महीने में पूरी होगी। शूटिंग और लोकेशंस हम बाद में तय कर लेंगे। मुझे तुमसे तुम्हारी अनुमति लेने की कोई आवश्यकता है ?"

असीम की आवाज़ में दर्द, आक्रोश और आत्मविश्वास का मिश्रण

रागिनी :

"नहीं, असीम । मैं तैयार हूँ ।"

रूककर

"जॉब छोड़ दिया है क्या ?"

असीम :

"छोड़ने वाला हूँ । बॉय ।"

मंच पर अँधेरा है । बेचारा का प्रवेश

बेचारा :

"और इस प्रकार एक इंजीनियर अपना रुख बदल देता है । असीम उन्मुख हुआ है उस कर्म की ओर जहाँ वह सीमायें पार करेगा। जहां किसी बात की कोई सीमा नहीं होती। वह आजाद हुआ है समाज के घिसे पिटे प्रोटोकॉल से। समझौता

नहीं किया है उसने। करेगा भी नहीं।"

बेचारा का प्रस्थान

लघु दृश्य १ समाप्त

लघुदृश्य दो

रागिनी घर में असीम की प्रतीक्षा कर रही है । सरगम की उपस्थिति सहज है । घर में इंजीनियरिंग के जुड़े अनेक चित्र लगे हैं । साथ ही प्रीमियम टेक का एक पोस्टर भी। घर का माहौल सुंदर। आवश्यकता के अनुरूप सज्जा।

असीम का प्रवेश। आते ही वह रागिनी का आलिंगन करता है। फिर उसका हाथ पकड़े हुए प्रीमियम टेक के पोस्टर के पास जाता है और उसे दीवार से उतारकर फेंक देता है । धीरे धीरे वह सारी इंजीनियरिंग की ड्राइंग्स और तस्वीरें उतार कर फेंक देता है। अब सिर्फ एक फ्रेम लगा है जो उसकी इंजीनियरिंग की डिग्री का है । सरगम आ कर असीम को रोक लेती है।

सरगम :

"पापा, यह फोटो मत उतारिये। मुझे अच्छी लगती है । आपकी है ना ।"

असीम चुपचाप वह तस्वीर वहीं छोड़ देता है, और रागिनी का हाथ छोड़ कर सरगम को गोद में उठा लेता है । रागिनी फेंके हुए पोस्टरों के पास पहुँचती है

रागिनी :

"बहुत दर्द हो रहा है क्या ?"

असीम मौन रह कर पास में बैठ जाता है, एक कुर्सी पर

रागिनी :

"क्या यह तुम्हारी इंजीनियरिंग का अंत है ?"

असीम एक नजर रागिनी पर डालता है । मानो मौन ही स्वीकृति का प्रतीक हो । कुछ देर बाद वह पुनः जमीन पर पड़े पोस्टर्स पर देखता है और वहीं नजर गड़ा देता है

असीम :

"मेरी फिल्म संस्था का नाम होगा " सरगम संस्था ""

असीम की आवाज स्थिर और स्पष्ट है

रागिनी :

"उन्हे इंजिनियर नहीं चाहिए असीम। उन्हें आविष्कार नहीं चाहिए। तुम और तुम्हारी तपस्या यहाँ व्यर्थ है । व्यर्थ है हर वह कदम जो उन्नति का सत्य प्रस्तुत करता हो । व्यर्थ है हर वह पल जो वर्तमान को जीता हो । उन्हें चाहिए एक लाश जो अपने चारों ओर के वातावरण में किसी भी तरह का परिवर्तन लाने में असमर्थ हो । एक लाश जिसका अस्तित्व न हो । कोई अस्तित्व नहीं ।"

रागिनी की आवाज में उतना रोष नहीं है जितनी घृणा । साथ ही यह भी कि वह यह सब शुरू से जानती है इसलिए कोई नया रोष नहीं । एक पाला हुआ निरंतर जीता हुआ रोष

असीम :

"हम नयी फोटोग्राफी तकनीक का प्रयोग करेंगे । एडवांस्ड मिक्सिंग और डेवलपिंग करनी होगी। साउन्ड रिकॉर्डिंग में स्पेशल इफेक्ट्स डालेंगे।"

असीम शून्य को निहार रहा है

रागिनी :

"पर असीम इंजीनियरिंग तो तुम कभी कर ही नहीं पाए ।"

रागिनी अभी भी उसी विषय पर बोल रही है

रागिनी :

"पिछले दस वर्षों में जब जब तुमने कुछ नया करने की कोशिश है, हर बार वही एक सा दृश्य उभरता है । हर बार कोई न कोई रोकने को तैयार मिलता है ।
क्या यही सोचकर तुमने यहाँ अपने देश में रुकने का फैसला किया था ? असीम, तुम अभी भी जा सकते हो बाहर ।"

रागिनी, असीम के पास, घुटनों के पास ज़मीन पर बैठ कर

"अपनी थीसिस तैयार करो । सारे एक्सपेरिमेंट और प्रेक्टिकल वर्क की रिपोर्ट लिखो । साथ बैठकर तैयार करवाऊँगी, असीम। तुम कुछ कर सकते हो।"

उठ जाती है और कुछ कदम चलकर

"वहां जाकर कम से कम इंजीनियरिंग तो जिंदा रहेगी। साथ ही जिंदा रहेंगे तुम्हारे सारे नये आविष्कार।"

रुककर, तीव्रता भरे स्वर में

"सृजन ही तो जीवन की मूल शक्ति है, मूल सत्य। सृजन के साथ अन्याय? फिर मृत्यु किसे कहते है असीम?"

असीम :

कुर्सी से उठकर रागिनी के पास आकर

"बाहर चले जाऊँ? और अपनी हार स्वीकार कर लूँ? और इस मरे हुए राष्ट्र को एक चुनौती दिये बिना भाग जाऊँ पीठ दिखाकर? कौन देगा इन्हे सत्य की शिक्षा? नहीं रागिनी, मैं नहीं जाऊँगा।"

धरती की ओर उंगली दिखाकर

"यहीं रहूँगा।"

"सृजन मेरा मूलभूत अधिकार है। यहीं जीवित रहने का प्रण लिया है। और मैं डरता नहीं हूँ, रागिनी। मुझ पर थोड़ा विश्वास करो।"

रागिनी :

असीम की ओर देखकर, असीम के " डिग्री " वाले फोटो को तकती है

"पर इंजीनियरिंग तो मर जाएगी ना । वो मशीन्स, वो इंजन्स, वो मोटर्स जो कल तक तुम्हारे शरीर के हिस्से थे, जिन पर मुझे गर्व था, जो मेरे आभूषण थे, उनको कहां छोड़ोगे ? क्या होगा मेरे श्रृंगार का असीम ? अधूरा असीम क्या मुझे सुख दे सकेगा ?"

असीम :

असीम का विश्वास और बढ़ जाता है । वह एक मूल प्रसन्नता से सराबोर होकर रागिनी के पास आता है और उसके कंधों पर हाथ रखकर कहता है

"वो सारी मशीन, सारे औजार, सारे लेक्चर्स, सारी इक्वेशन्स मेरा नस नस में है रागिनी । वो तो मुझसे अलग थलग हो ही नहीं सकती । मेरा उनसे नाता तो कभी टूट ही नहीं सकता ।"

रागिनी :

"फिर इन पोस्टर्स को वापस लगा दो, असीम । ये मेरा श्रृंगार है, असली श्रृंगार।"

असीम, रागिनी के सिर पर हाथ रखता है । और फिर सारे पोस्टर्स वापस लगा देता है सिवाय प्रीमियम टेक के

असीम :

"रागिनी, मैं तुम्हारा श्रृंगार तुमसे नहीं छीन सकता । पर मैं प्रीमियम टेक जैसी मुर्दा संस्थाओ से खुद को जोड़ भी नहीं

सकता। मैं यहीं रहूँगा और जल्दी हो मेरी मूवी तैयार होगी। वह मेरी धारणाओं का प्रतीक होगी। मेरी धारणा जो जीवन है।"

"सरल, स्पष्ट जीवन। उन्नत जीवन। पर साथ ही वह प्रतीक होगी मृत्यु की भी। मृत्यु जो राष्ट्र पर छा चुकी है। जो ग्रस चुकी है हमारे पूरे राष्ट्र को। मैं मौत को इतनी आसानी से नहीं आने दूँगा रागिनी। लड़ कर जीत कर दिखाऊंगा।"

रागिनी :

"कब से शुरू कर रहे हो असीम? और कहाँ से?"

असीम :

"मैने नीरज से बात कर ली है। वह फिल्म इंडस्ट्री से जुड़ा हुआ भी है। उसे बहुत जानकारी है। एक सप्ताह में कास्टिंग और लोकेशन्स का सिलेक्शन हो जाएगा। और दस दिन के अंदर हम शूटिंग शुरू कर देंगे। मैं अपना ऑफिस या कह लो डिसकशन्स रूम इसी कमरे को बनाऊंगा। जहाँ मैं अपनी मशीन और इंजन्स की आत्माओं के साथ जुड़ा रहूँ।"

रागिनी :

हाथ बढ़ाते हुए

"विश यू आल द बेस्ट असीम ! पूरे जीवन भर तुम्हारे साथ दूँ।"

अपनी बात में रागिनी का गर्व स्पष्ट है

"थी और रहूँगी"

आलिंगन करती है

लघु दृश्य २ समाप्त

लघु दृश्य तीन

असीम का ड्राइंग रूम " सरगम संस्था " का ऑफिस बन चुका है । रागिनी वहां असीम के साथ बैठी है । आज मूवी की कथा के बारे में बात होनी है । साथ ही अन्य तकनीकी पहलुओं पर भी। रागिनी को अपनी सहकर्मियों आरती एवं सृष्टि की प्रतीक्षा है । असीम अपनी ऑफिसियल कुर्सी पर । रागिनी अपने कैमरा सेट के पास खड़ी है । वह बैठती नहीं

असीम :

"तुम मुझे बर्दाश्त कर कैसे लेती हो । अपनी समझ से बाहर है।"

काफी की चुस्की लेकर

"आज की नहीं, स्कूल के दिनों की बात कर लो। कहां मैं एक अक्खड , पागल और जिद्दी नालायक, कहां तुम एक शांत, समझदार देवी । सही में मुझ बिगड़ैल को सम्हालने के लिए तुमसा ही कोई इंस्ट्रक्टर चाहिए था । तुम्हे मुझे मारने की या सुधारने की इच्छा नहीं होती ?"

रागिनी :

काफी के साथ के बिस्किट लाती हुई

"इसे कहते हैं द लॉ आफ कॉम्प्लिमेंटरी थिंग्स। क्वान्टम फिजिक्स के अनुसार हर चीज़ के लिए एक एंटी मैटर बना हुआ है ।"

एक दार्शनिक की तरह बोलते हुए

"जैसे गधे के लिए धोबी, घोड़े के लिए चाबुक, घिसे पिटे कैसेट के लिए वॉल्यूम कंट्रोल, पुरुष के लिए नारी और तुम्हारे लिए मैं । वो तो मेरा कंट्रोल मिकेनिज्म ही ऐसा है कि मैं अपने प्यार की मिठाई में जीवन की सारी कड़वाहट मिटा सकती हूँ ।"

इतना कहते कहते रागिनी असीम के पास आ जाती है और एक महान एक्टर की भूमिका सी अदा करती है

"लेकिन मेरा गुलाम बनना तुमने खुद कुबूल किया था। याद है वो अपने स्कूल के मेन गेट के बाहर खड़ा छुट्टन चाटवाला ? पूरे साल चाट के पैसे तुम्हारे खाते में जाते थे । और वो लाइब्रेरी से टिनटिन भी तो तुम ही चुराकर लाते थे मेरे लिए।"

सिर झटक कर

"क्या अदाये थीं पटाने की ।"

असीम :

"चुराता नहीं था। लाइब्रेरियन को पटाया हुआ था।"

एसे कहता है मानो कोई राज खोल रहा हो । एकाएक उत्साह में आकर

"और जानती हो, वो हर टिनटिन मेरे लिए सम्हाल कर रखता था । उसे पता था कि मैं किसके लिए लेता था।"

थोड़ी सी बनावटी नाराजगी के साथ

"लेकिन हर बार कमबख्त छुट्टन की चाट और भोलूराम की चाय मांगता था । जब महंगाई बढ़ी तो गधा कहीं का समोसे भी मांगने लगा था । वो तो मेरे प्यार का इंजन फुल हार्स पावर पर चलता था । मैंने भी सारे इम्तहान पार करने की कसम खाई थी।"

थोड़ा प्यार भरकर रोमांटिक टोन में, रागिनी का हाथ पकड़कर

"और कसम छुट्टन की चाट की, अगर तुम सा धोबी मिले तो मैं भला क्यू ना गधा बनूँगा?"

थोड़ा ड्रामाटाइज करके

"मेरी धोबन जानेमन।"

रागिनी :

असीम का प्यार पाकर गर्व तो करती है पर बात टालने के लिए और साथ ही समय की के हिसाब से कहती है

"ओ मेरे गधे इंजीनियर। ये प्यार की बिजलियों का स्पार्क बंद करों और ये बताओ कि मूवी की कोई कहानी भी है या नहीं।"

असीम :

प्यार भरी नाराजगी से और थोड़ी शुध्दता भरी आवाज में

"देवी। हमें निराश मत करो । हम सामान्य मानव नहीं स्वयं कामदेव हैं ।"

रोमियो को तरह बैठकर

"जूलिएट ओ माई जूलिएट । मुझमे समा जा ।"

रागिनी :

असीम के स्वर मिलाकर

"रोमियों ओ माई रोमियो । जरा मूवी की कहानी बता जा ।"

नीरज दरवाजे पर आ कर खड़ा है, चुपचाप

असीम :

चेहरे पर प्यार की छटपटाहट दिखाकर। कुछ देर रुककर

"ओ धोबन की पूछ। क्या सारी मोहब्बत का कचरा करती है , यार"

काफी खत्म करता है और थोड़ा चलकर वापस आता है

"धोबन, एक मौका और।"

रागिनी :

"नहीं मेरे गधे, अब काम पर गौर।"

नीरज :

दरवाजे पर हाथ मारकर, ध्यान आकर्षित के लिए खंखारता है

"लगता है मैं ठीक समय पर आया हूँ। औ लैला मजनू, अपनी मुहब्बत का शो जारी रखो । मूवी तो इसी पर बन जाएगी । हा हा हा ...."

हँसता है

असीम :

"दुराचारी, गलत समय पर टपकना तेरी पुरानी आदत है। छुट्टन के ठेले पर भी तू एसे ही आता था ।"

रागिनी :

"तुम सही समय पर टपके हो । जरा हमारे मियां से इनकी मूवी के ऊपर कुछ बात करो। वरना आज कुछ का कुछ हो जाएगा ।"

असीम :

"वही तो मैं चाहता हूँ ।"

रोमांटिक होकर रागिनी को छेड़ते हुए

रागिनी :

"शट अप। मैं चाय बनाने जाती हूँ।"

नीरज :

"मैं दो चम्मच चीनी , पूरी दूध और डेढ़ चम्मच चाय पत्ती वाली चाय लूँगा भाभी।"

असीम :

"और मैं दो चम्मच प्यार, पूरी आशिकी और डेढ़ चम्मच अदाओ वाली, नीरज की भाभी"

रागिनी अपना सर पकड़ कर जाती है

नीरज :

"अगर आपका यह तीतर बटेर का किस्सा खत्म हुआ हो तो हम कुछ काम की बात करें।"

असीम :

"तीतर बटेर का किस्सा ! मैं याद रखूँगा। तू शादी कर फिर देख। बहरहाल तुम लोग इतना पीछे पड़े हो तो ...."

नीरज :

"जॉब खुद छोड़ता है और कहता है कि हम लोग पीछे पड़े हैं । कुत्ते की दुम ।"

असीम :

कुछ देर चुप रह कर

"वो जॉब नहीं था नीरज । घुटन थी, कैद थी आत्मा की। जहाँ जीवन रुक गया था। इच्छाएं दब चुकी थी। चलना ही तो जीवन है । इस पूरे विश्व में एक भी चीज ऐसी नहीं जो स्थिर हो । निरंतर बढ़ते रहना, एक स्फूर्ति के साथ एक अंदरूनी चमक के साथ यही तो जीवन का अर्थ है । एक एक अणु में जाने कितने परमाणु कांपते रहते है ।"

"हर परमाणु में इलेक्ट्रान, प्रोट्रान, न्यूट्रान्स और न जाने कितने अनजान मूलकण हमेशा जीवित रहते है । स्पंदन करते हुए । फिर हमे क्यों रोका जाता है ? क्यों ये अपेक्षा की जाती है कि जैसा है वैसा ही चलता रहे । क्यों मृत्यु को इतनी जल्दी गले लगाने की चाह है । समाज में मन रुक गया तो शरीर का क्या उद्देश्य है नीरज ? प्रगति से डरते क्यों है लोग ?"

"अगर यही समाज की नियमावली है कि परिवर्तन को रोक दो, अगर यही कहता है चिंतन कि जो है वही अच्छा है और रुककर , बैठकर, कर्महीनता से ही मोक्ष मिलता है, अगर यही है धर्म कि उन्नति से मुँह मोड लो तो मैं ऐसे समाज का हिस्सा नहीं बनना चाहता। मेरे लिए नीरज तुम, मेरी रागिनी, मेरी सरगम और मेरा सृजन यही मेरा समाज है । यही मेरे नियम।"

"नीरज मैं जीवन का उपासक हूँ । मृत्यु सत्य है , हम सुनते आए हैं, सालों से सालों से पर मैं यह कह देना चाहता हूँ कि जीवन है तभी मृत्यु है । जीवन मूल सत्य है । बेसिक ट्रूथ। और मैं जीवन का उपासक हूँ । सत्य मुझमें ढल चुका है। मैं ही सत्य हूँ ।"

थोड़ा रुककर असीम अपनी डिग्री वाली फोटो के पास जाता है । फिर इंजीनियरिंग की फोटो को स्पर्श हुआ सोफे पर जा बैठता है

"एक ऐसी मूवी बनाऊँगा जो सारी कड़वाहट इस समाज के मुंह पर खींच देगी । सच कड़वा होता है । इसका मतलब यह नहीं कि सच से मुंह मोड़ लो । सच कड़वा है तो कड़वाहट झेलने का दम होना चाहिए । देखता हूँ कि ये महान समाज अपना सच कैसे स्वीकारता है। कैसे मुस्कुराता है यह अपने बदन पर। कितना बलशाली, सक्षम और सुंदर है यह ।"

"मैं तो सत्य हूँ जीवित सत्य। मुझे किसी से घृणा नहीं, किसी से डर नहीं । जो सत्य है वह स्पष्ट है। मेरे लिए मेरा कर्म सत्य है । देखने वालों के लिए संदेश सत्य होगा। संदेश के तीखे होने की मुझे परवाह नहीं । परवाह है तो मेरी मूवी की सत्यता की। तकनीकी रूप से, डायरेक्शन की ओर से और कलाकारों की प्रस्तुति की ओर से , हर कोण से हर बिंदु से मेरी मूवी पूर्णत्व बयान करेगी। सम्पूर्णता का मानबिंदु

होगी मेरी फिल्म। मेरी खुशी, मेरी जीवन को साधना, मेरी उपलब्धि होगी मेरी फिल्म। साथ ही मेरी रोटी भी।"

"मैंने सोचा है कि अपनी फिल्म को दो भाषाओं में तैयार करूं। हिंदी और इंग्लिश। अंतर्राष्ट्रीय मंच पर प्रस्तुत करने से हमें अधिक पैसा मिलेगा। साथ ही मुझे अपने विचारों को समझने वाले लोगों का सम्पर्क भी मिलेगा। मुझे खुद जैसे लोगों की तलाश है। मैं पूरे संसार को छान लूँगा नीरज। मैं असीम हूँ। जानते हो ना असीम का अर्थ? कोई सीमा नहीं। कोई रोक नहीं सकता मुझे। यही मेरा सत्य हैं।"

चाय ले कर रागिनी का प्रवेश

रागिनी :

"बात कहाँ तक पहुंची नीरज? इंजीनियर प्यारे की मोटर चली क्या? ."

चाय की ट्रे मेज पर रख कर

नीरज :

"चली? दौड़ गई। दूर। बाप रे। तुम्हारा मिया बहुत बड़ा गधा है और चूंकि मैं भी कम घोड़ा नहीं है लिहाजा हमारा साथ रहना बट नेचुरल है।"

चाय की चुस्की भर कर

"तो असीम अब फिल्म की कहानी बता दे ज़रा।"

असीम :

"मेरी कहानी है एक प्रेमी युगल पर। जिसमें शौहर मर जाता है और गांव वाले जबरदस्ती उसकी पत्नी को सती करना चाहते है । जो कि मां बनने वाली है । लेकिन वह मरना नहीं चाहती । उसे अपने प्यार की निशानी जो प्यारी है। पर घरवाले उसके पति की जायदाद पर कब्जा करना चाहते है । इसलिए सामाजिक उसूलों बहाने उसे मारना चाहते हैं।

पर वह घर से भाग जाती है और बच्चे को जन्म देती है शहर जाकर । फिर अपने बच्चे की सम्पत्ति को पाने के लिए घर वापस आ कर लड़ती है और विजयी होती है। लेकिन अंततः थक जाती है और संग्राम में जीतने के बाद अपने उद्देश्य की पूर्णता से संतुष्ट होकर मौत का आलिंगन करती है ।"

"बोलो नीरज, बना पाओगे इसे ?"

नीरज :

"रागिनी, ये तो शायद कोई सच्ची घटना है ? राजस्थान में एक ऐसा ही कांड हुआ था । जिसमें शौहर के घरवालों को राजनीतिक समर्थन मिला हुआ था । और चार सालों की भरपूर भाग दौड़ के बाद मां को न्याय मिला तो था पर हारते हारते देवर ने गोली मार मां की हत्या कर दी थी।"

"बाद में शायद देवर को फांसी होनी थी पर दुबारा राजनीतिक संरक्षण से वह बच गया और कुछ दिन बाद वह

बच्चा भी मरा हुआ मिला था। क्या यही होगा अंत ?"

असीम :

"हां यही है सत्य हमारे समाज का और यही होगा अंत भी।"

नीरज :

"पर असीम, पोलिटिशियन्स बहुत विरोध करेंगे । कच्चा चबा जायेंगे यार ।"

असीम :

"मुझे किसी का भय नहीं । क्या तुम डर गये ? डर गये तो मेरे साथ मत आओ। कायरता से सख्त नफरत है मुझे।"

नीरज :

"अब ओखली में सर दिया तो मूसल से डरना क्या यार।"

सिर पकड़ कर

"मर गये"

धीरे से

"ख़ैर मैं भी नहीं डरता, तू कहता है तो इस सोमवार से काम शुरू करते हैं ।

कल मैं मेन कास्ट सिलेक्ट करता है । अपनी पिछली फिल्म की टीम से मेरी रेपो अच्छी है । और टीम भी अच्छी है । अच्छा चैल्लेंजिंग काम की तलाश में है सारे । मुझे उनसे उम्मीद भी अच्छी है । कल लाता हूँ और तुझसे मिलवा देता हूँ । चलेगा?"

असीम :

"दौड़ेगा यार दौड़ेगा। क्यो धोबिन ? चलेगा ?"

रागिनी :

"बिलकुल मेरे प्यारे गधे ।"

लघु दृश्य तीन समाप्त

<u>लघु दृश्य चार</u>

रागिनी अपने कैमरा किट को देख रही है । और पूरी लिस्ट तैयार कर रही है । असीम फिल्म की कहानी लिख रहा है

असीम :

"मेरी कहानी लगभग पूरी ही हो गई है ।"

रागिनी :

"पिछले एक हफ्ते से तुमने ये कुर्सी छोड़ी ही कहां है । खाना यहाँ, सोना यही। प्यार करना हो तो भी मुझे अपने ही पास बुला लेते हो आजकल ! कमबख्त कुर्सी मुझसे ज्यादा प्यारी हो गई है। वो तो नेचर बुलाती है तो उठ जाते हो वरना तुम्हारा बस चले तो वो सब भी यही कर दो। कैसा झक्की पल्ले पड़ा है भगवान ।"

असीम :

"भगवान की क्यों कोसती हो जी ? करनी तुम्हारी तो फल भी भुगतो। किसने कहा था कि छुट्टटन के ठेले पर आकर चाट खाओ और पैसे मुझसे मांगो ? तब तो चिढ़ाकर " ओ चाचा, और पानी दो ना । थोड़ा तीखा और "”

मुंह से चटकारे की आवाज निकालकर

राwill— रागिनी :

"कोई और मिलती तो तुम्हारा बैंक बैलेंस साफ होता। शुकर मनाओ कि सस्ते में निपट गये । एक रु. की चाट के लिए आज तक रोते हो।"

असीम :

गुर्राकर

"बात एक रुपये की नहीं, सिद्धांत की है।"

अकड़कर

"मैं सिद्धांतवादी हूँ।"

रागिनी :

"चाट में सिद्धांत नहीं मिर्च चलती है मिर्च । तुम सिद्धांतवादी तो मैं चाटवादी। मेरी चाट के बारे में एक लफ्ज़ भी कहा तो मैं तुम्हारे सिद्धांतो पर लाल मिर्च का छौंक लगा दूंगी इंजीनियर महाशय।"

असीम :

हाथ झटक कर

"हुंह। बहुत आये और यूँ चले गए पतली गली से।"

रागिनी :

"हुंह"

असीम :

"हुंह"

रागिनी :

असीम के मुंह के पास अपना मुंह ला कर

"हुंह"

असीम रागिनी का मुंह पकड़ना चाहता है की नीरज का प्रवेश एक युगल के साथ। युगल के चेहरों पर हलकी झिझक जैसी एक महान व्यक्ति से मिलने पर होनी चाहिए

नीरज :

"वाह क्या दृश्य है"

युगल की और देख कर

"ऐसे शॉट्स चाहिए अपनी फिल्म के रोमांटिक सीन्स में। आगे का सन अपने मन से दे देना खुश हो कर। हमें कोई आपत्ति नहीं है।"

रागिनी हंसकर हट जाती है

असीम :

"बकवासी महापुरुष, जरा नये मेहमानों का परिचय करवा दो। ताकि उन्हें थोड़ा घर सा लगे।"

रागिनी की ओर देखकर

"शायद हमारा सीन देखकर घबरा गये।"

नीरज :

साथ आई लड़की का परिचय करवाते हुए

"आपसे मिलिए। लोग इन्हें मानसी कहकर बुलाते हैं। कभी कभी मनु भी कह सकते है। आप हैं"

बुलंद आवाज में

"हमारी आनेवाली फिल्म जिसका नाम हम जल्दी ही डिसाइड कर लेंगे की होने वाली बल्कि यूँ कहिए हो चुकी हीरोइन।"

मानसी :

"हेलो ।"

असीम और रागिनी :

"हाय।"

रागिनी :

अब साथ आए पुरुष का परिचय कराते हुए

"और ये महान आत्मा । इन्हे हम सब कार्तिक कह कर पुकारते हैं । आप हैं"

बुलंद आवाज में

"हमारी आनेवाली फिल्म, जिसका नाम हम जल्दी ही डिसाइड कर लेंगे, के होने वाले बल्कि ये कहिए हो चुके हीरो ।"

रागिनी की ओर देखकर

"आप है रागिनी ।"

बुलंद आवाज में

"हमारी आनेवाली फिल्म जिसका नाम हम जल्दी ही डिसाइड कर लेंगे, की होने वाली या यू कहिए हो चुकी

विडियो फोटोग़ाफर ।"

असीम की ओर देखकर

"आप का नाम असीम"

बुलंद आवाज लेने के लिए सांस भरता है

"हमारी आने ...."

असीम :

सुर में मिलाकर

"... वाली फिल्म"

बनावटी आवाज में

"जिसका नाम हम जल्दी डिसाइड कर लेंगे के होनेवाले या कहिए हो चुके डायरेक्टर कम प्रोड्यूसर।"

असीम और नीरज मिल कर हंसते हैं

असीम :

मानसी और कार्तिक से

"बैठिए खड़े क्यों हैं । आराम से रिलेक्स हो लीजिये फिर हम अपनी फिल्म की बात करेंगे।"

नीरज :

"भाभीजान थोड़ा पानी पिलवाइये फिर कहानी आगे बढ़े ।
मेरे पानी में थोड़ी सी"

हाथ से इशारा करता है व्हिस्कि के लिए । रागिनी प्यार भरी नाराजगी
दिखाती है और पानी लेने जाती है

असीम :

अपनी कुर्सी से उठकर टहलता हुआ सोफे की चेयर पर बैठता है

"कार्तिक और मानसी , नीरज ने कहानी तो तुम्हे समझा ही
दी होगी।
कार्तिक तुम्हारा रोल पहले हाफ तक ही है । उसके बाद
मानसी तुम्हारा मेन पार्ट है ।
कोई आपत्ति हो तो अभी ..."

कार्तिक :

बात काटकर ...

"नहीं असीम, मुझे अगर आपत्ति होती तो मैं आता ही नहीं।
मैं अपना काम समझता हूँ । और मुझे सिर्फ अपने काम से
मतलब रहेगा । मैं नहीं चाहूंगा कि एक अन-ऑफिसियल
एसिस्टेंट डायरेक्टर का रोल भी अदा करूँ । मैं सिर्फ अपनी
एक्टिंग और अपने किरदार से जुड़ सकता हूं । क्योकि वही
मेरी पहचान है ।"

असीम जडवत होकर कार्तिक को निहार रहा है

"मुझे कहानी का पूरा मर्म समझ में आ चुका है। मुझे इस बात से कोई मतलब नहीं कि आप ऐसी फिल्म क्यों बना रहे। आपको क्या चाहिए यह मुझे मालूम है पर वह आपका उद्देश्य है। पालिटिशियन्स और पब्लिक को झेलना अपका काम है।"

"मुझे इस बात से भी कोई मतलब नहीं है कि आपने एकाएक अपना जॉब क्यों छोड़ा। मुझे कोई चिन्ता नहीं कि ये आपकी पहली फिल्म है। मुझे विश्वास है कि आपका डायरेक्शन उत्कृष्ट कोटि का होगा। विश्वास है कि आप अपने रोल के साथ कोई नाइंसाफी नहीं करेंगे। विश्वास है क्योंकि आपकी कहानी से आपको पहचान सकता हूँ.।"

"पर यह सब एक बार समझने के बाद मैं दुबारा इन बातों परअपना समय व्यर्थ नहीं करूँगा। मैं आपको फिल्म का हीरो हूँ यही मेरी पहचान है। बात पैसों की वो मैं समझता हूँ कि जो अनुबंध नीरज के साथ हुआ है उसके अनुसार समय पर मुझे पेमेंट मिल जाया करेगा। मैं आपको इतना वचन देता हूँ कि मेरी फीस मेरे काम का सही रिवार्ड होगी। न ज्यादा न कम। जितना मेरा हक़ होगा ठीक उतना। शायद इस बारे में मुझे और कुछ कहने की आवश्यकता ही नहीं है।"

असीम :

गहरी सांस

"मुझे सोचने का मौका दो। तुमने मेरे कहने के लिए तो कुछ छोड़ा ही नहीं।"

रुककर

"मैं डायलॉग्स लिख रहा हूँ। देखना चाहोगे तुम लोग ? अभी पूरे नहीं हुए हैं।"

मानसी :

"नहीं असीम, जब पूरे हो जाएँ तब शूटिंग शुरू कर देंगे । उसी समय डायलॉग्स पढे जायेंगे । मैं समझती हूँ कि हम अपने अपने काम खुद के हिसाब से ही करते रहें, तभी पूरी सफलता हाथ लग सकती है । बजाय इसके मैं आपको डायलॉग्स या स्क्रिप्ट में कोई सुझाव दूं और आप फोटोगाफी में टांग अड़ाए और नीरज डायरेक्शन में। अगर हम अपने अपने रोल अपनी जिन्दगी में ठीक से निभाते रहे और निरंतर अपनी खुद की परफॉर्मेन्स को सुधारते रहे तो फिर हमें सफल होने से कोई नहीं रोक सकता।"

असीम :

नीरज को देख कर , कुछ देर तक चुप रहने के बाद

"तू तो यार हीरे छांटकर लाया है ।"

नीरज :

"तुझ जैसे खुराफाती के लिए मुझे पता है कि कैसे लोगों को पकड़ना है । हीरे के साथ हीरा ही अच्छा लगता है ठीक ही

जैसे कोयले के साथ कोयला ।"

असीम :

"गधे को औलाद मुझे कोयला बोला ?"

खड़ा हो जाता है

नीरज :

"इंजीनियर साहब, अगर साइंस की ज़रा सी भी खुरचन दिमाग की तलहटी में लगी है तो ये पता होना चाहिए कि कोयला और हीरा दोनो कार्बन होते है । तुम्हें क्या फर्क पड़ता है ?"

असीम :

"हां ठीक कहता है तू। मिट्टी तो मिट्टी है । अगर तुझे मिट्टी में पके गणपति बोलू या गटर का कीचड तुझे क्या फर्क पड़ेगा ? तू तो मिट्टी का बना चिकना घड़ा जो है?"

नीरज :

"तू कौन सा सुराही से कम है !"

रागिनी शरबत लेकर आती है

नीरज :

"भाभी, तुम तो सब के लिए बना कर ले आई । वाह। " ला पिला दे साकिया तो कुछ काम चले । अपनी तो हरेक आह भी प्यासी हुई चली है "

रागिनी :

"शरबत है बेवडे आशिक शरबत ।"

नीरज :

"भाभीजान, तुम्हारे हाथ की शरबत में भी नशा है कसम से ।"

असीम :

खड़े होकर , चिल्लाकर

"मेरी घरवाली पर लाइन मत मार दुष्ट ।"

नीरज हंसता है, सब लोग शरबत उठाते है। शरबत के कुछ ही घूँट पीकर कार्तिक व मानसी खड़े हो जाते हैं

कार्तिक :

"अच्छा असीम, अब हम चलते हैं । एक टेलिफिल्म को पूरा करना है । मानसी भी उसमें काम कर रही है ।"

असीम :

"कुछ देर रुको, रागिनी की टीम भी आने वाली है । एक परिचय हो जाए फिर चले जाना ।"

कार्तिक :

"ठीक है पर एक घण्टे में हमें वहां पहुंचना होगा ।"

नीरज :

"अरे चिन्ता मत करो यार। मैं अपनी जीप से तुम्हे छोड़ दूंगा । तुम अपनी शरबत ख़त्म करो आराम से । घूंट घूंट का मजा लो। चिन्ता मनुष्य की दुश्मन है । सुना नहीं तुमने क्या ?"

मानसी :

"चलिए, आपकी नाक रखने को आपकी बात रख लेते हैं और इंतजार करते हैं रागिनी की टीम का।"

नीरज :

"बड़ी मेहरबानी आपकी देवी।"

रागिनी की टीम का प्रवेश। दो लड़कियां २५-३० वर्ष के बीच की आयु

आरती / सृष्टि :

"हैलो एवरीबॉडी।"

रागिनी :

"ये हैं आरती और सृष्टि। हम तीन लोग एक टीम को पूरा करते हैं। आरती का काम होता है लोकेशन्स पर ध्यान देना और शूट करना। सृष्टि फाइनल मिक्सिंग और डेवलपिंग पर ध्यान देती है। वैसे हम एक दूसरे की टांग में टांग अड़ाते रहते हैं। हमारी अच्छी अंडरस्टैंडिंग है।"

हंसती है, रुककर

"सृष्टि ये हैं हमारे मेन एक्टर्स कार्तिक और मानसी।"

कार्तिक व मानसी :

"हाय।"

आरती / सृष्टि :

"हैलो ।"

आरती :

"इनको बता दिया है न कि मेकअप मैन हमारा होगा ।"

मानसी व कार्तिक को देखते हुए

"आप अपना मेकअप परसन ला सकते है पर हमारी टीम में एक स्पेशल मेकअप मैन है । वो असली आऊटलाइन बता दिया करेगा। ऐसा इसलिए कि हम अपने मेकअप परसन को कहानी ठीक से समझा दिया करेंगे और आपके मेकअप परसन्स से वह कोआरडिनेट कर लिया करेगा । इसलिए एक बार इनकी मुलाकात हो जाए तो अच्छा रहेगा।"

मानसी :

"यह तो और भी अच्छा रहेगा। मैं अपने मेकअप मैन को आपके पास भेज दूंगी । आप मिलवा दीजिएगा ।"

सृष्टि :

कार्तिक से

"कार्तिक जी, आप भी ऐसा ही कर दीजिएगा।"

नीरज से

"नीरज मुझे अपनी काम्पोसिंग, डेवलपिंग और मिक्सिंग -एडिटिंग के लिए शायद तुम्हारी ज़रुरत पड़े।"

नीरज :

"कब नहीं पड़ी।"

सृष्टि :

"शट अप।
बात ये है कि ये बड़ा प्रोजेक्ट होगा शायद एक ब्लैक रूम की और स्पेशल प्रोजेक्टर की ज़रुरत पड़े।"

रागिनी से

"रागिनी हमको एक बार अलग से शायद बैठना पड़े। कुछ ख़ास चीजों के बारे में अभी देखना बाकी है। मेजर तो हो चुका है।"

रागिनी :

"आज शाम को ही सब देख लेंगे ।"

कार्तिक :

"अच्छा असीम, अब चलना चाहूँगा । आरती, सृष्टि आपसे तो मिलना होता ही रहेगा । मुझे एक टेलीफिल्म पूरी करनी है आज। इसलिए अब जाना होगा ।"

कार्तिक व मानसी उठकर सबको अभिवादन करके जाते है

असीम :

"तो अब से ठीक चार दिन बाद, काम .... शुरू. ..."

रागिनी :

"पर फिल्म का नाम क्या होगा ?"

असीम :

"नाम होगा"

धीरे धीरे बोलते हुए, एकाएक तेज स्वर में

" " प्रतिबिम्ब" , प्रतिबिम्ब आशाओं का, प्रतिबिम्ब निराशा का, प्रतिबिम्ब गति और विराम का, प्रतिबिम्ब जीवन और

मृत्यु का ..."

"रागिनी, हम एक प्रतिबिम्ब बनाएंगे । आज का प्रतिबिम्ब । निडर निर्भीक प्रतिबिम्ब ।"

प्रथम दृष्य समाप्त

7

द्विवतीय दृष्य

विजय अगर आना तो ऐसे आना तुम,
खुले हृदय से गले तुम्हे मैं लगा सकूँ ।
विकल गरजती हुई धड़कनों की आभा,
एक एक पग का आलिंगन करती है,
छुपी उंगलियों की सीमाओं पर आकर,
धरती श्रम की गहन अर्चना करती है,
कर विराट अपना स्वरूप जय की आशा
सुखद स्वप्न की झिल मिलता को पाएगी ,
सुन अनन्त, फिर मैं तुझमें घुल जाऊँगा,
और देह एक सफल पूर्णता पाएगी।
तिलक लगाना , मुझे रक्त का प्राणप्रिये
गर्व स्नेह का मैं ललाट पर सजा सकूँ,
विजय अगर आना तो ऐसे आना तुम
खुले हृदय से तुम्हे गले मैं लगा सकूं ।

बेचारा :

"असीम की फिल्म " प्रतिबिम्ब " बनती है । पूरी हो जाती है अपनी डेडलाइन में ही । कोई रुकावट नहीं आती । पहली फिल्म ही ऐसे बनती है मानो एक सौ फिल्मों को पूरा निचोड़कर रख दिया हो । एक सम्पूर्ण फिल्म। पूरी यूनिट को गर्व है अपनी कृति पर । फिल्म रिलीज की जाती है। रागिनी घर पर ही है और सरगम के पास है । वह नहीं जाती समारोह में । उसे भीड़भाड़ पसन्द नहीं है । वह घर पर बैठ कर प्रतीक्षा कर रही है समाचार की।"

रागिनी :

"सरगम, आज तेरे पापा की पहली फिल्म रिलीज होने वाली है। पता है तुझे कुछ?"

सरगम रागिनी के पास आ जाती है

"पापा ने एक फिल्म बनाई है । मूवी, मूवी। आज उसका पहला शो है मेरी प्यारी बिटिया रानी। देख अभी पापा का फोन आता होगा ।"

सरगम :

कुछ देर फोन के पास खड़ी होकर

"कब आएगा फोन मम्मी ? बहुत देर करते है पापा फोन करने में। मुझे खेलने जाना है । शिखा मेरा इंतजार कर रही होगी। मम्मी, प्लीज मुझे जाने दो ना।"

राalso गिनी :

"बस कुछ देर और बेटी, थोड़ी सी देर। अभी आएगा फोन पापा का। तू उठाना फोन और पापा से बात करना । पापा खुश होंगे, बहुत खुश । तुझसे बात करके ।"

सरगम :

"ठीक है । बस पांच मिनट और। फिर चली जाऊंगी ठीक ?"

रागिनी :

"पता है तुझे पांच मिनट कितने होते हैं ?"

मुंह बना कर

"पांच मिनट और !"

सरगम रागिनी की घड़ी के पास आती है

सरगम :

"मालूम है, मालूम है । जब ये बड़ी वाली सुई एक बड़ी काली बिंदी से से दूसरी बड़ी काली बिंदी के पास आती है तब पांच मिनट होते हैं।"

प्यार भरे शब्दों से

"पापा ने बताया था एक बार।"

रा

गिनी :

सरगम को गोद में उठाकर

"बहुत समझदार है मेरी बच्ची.."

इतने में फोन की घण्टी बजती है , रागिनी सरगम को गोद से उतारती है

सरगम :

दौड़कर फोन उठाती है

"हैलो ? पापा ?"

असीम :

"हां मेरी प्यारी बच्ची, तू खेलने नहीं गई ?"

सरगम :

"जाऊँ?"

असीम :

"हां और अपनी मम्मी को बुला।"

सरगम :

फोन रखकर

"मम्मी, पापा बुला रहे है।"

रागिनी :

फोनपर

"असीम?"

असीम :

"हमारा पहला कदम रागिनी, पहला कदम। मैं बहुत खुश हूँ। बहुत खुश।"

शांत खुशी

रागिनी :

"लोगों का रेसपोन्स कैसा था ?"

शान्त स्वर में

"पसंद आई क्या उन्हे ?"

असीम :

"पता नहीं रागिनी"

थोड़ा सामान्य स्वर, एक प्रश्न का भाव

"जब फिल्म खत्म हुई तो अजीब सा सन्नाटा था थियेटर में । लोग चुपचाप निकल रहे थे बाहर जैसे कोई सांप सूंघ गया हो। एक ऐसी शांति जिसके बाद तूफ़ान आता है । खतरनाक शांति। मुझे नहीं पता तूफान कैसा होगा, कहां आएगा और हम उसका कौन सा हिस्सा बनेंगे पर तूफान आएगा ज़रूर । और यही हमारी सफलता का दूसरा कदम होगा।

पर वो देखा जाएगा। अब तो कमर कस ही ली है । अभी तो मुझे पैसे बटोरने हैं । फल बटोरना है जिस पर हमारी पूरी टीम का हक है । हाथ खोलकर , स्वागत करेंगे हम सब सफलता का बोलो क्या चाहिए मेरी धोबिन । मांग लो जो चाहिए । बंदा मेहरबान है आज।"

रागिनी :

"एक टिनटिन और छुट्टन की चाट । दोगे मेरे प्यारे गधे इंजीनियर ?"

असीम :

"बस मुझे लगा कुछ बड़ी चीज मांगोगी जैसे काकातीय का कोहिनूर या महाराणा प्रताप की तलवार या क्वीन एलिजाबेथ की अंगूठी । तुमने तो मेरी नाक कटवा दी । वैसे मांगा ही है तो मिलेगा ज़रूर । लेकिन इस बार कमबख्त नीरज नहीं टपके बीच में वरना उसकी टांगे तोड़ दूँगा।"

इतने में नीरज का प्रवेश घर में

नीरज :

"हैलो भाभीजान, मुबारक हो, शो सफल रहा।"

रुककर

"किस से बाते कर रही हो ?"

रागिनी :

हंसकर

"असीम से । लो तुम्ही सम्हालो ।"

नीरज :

"अबे लंगूर । घर आ जा अब। अभी तक क्या कर रहा है वहां ?"

असीम :

"टपक गया । कमीने अभी तो बात ही की , कि टपक गया ? हद है बेशरमी की। कभी सुधारेगा या नहीं ?"

नीरज :

"आदत नहीं छूटती यार कमबख़्त मुंह की लगी। बस तू आ जा अब। आज कुछ हो जाए । महीनों की थकान उतारनी है आज । जल्दी आ जा घर।"

असीम :

"दस मिनट में पहुंचता हूँ । तू तैयार कर के रख सब माल । यू चला और यू पहुंचा । फ्रांस की स्पेशल वाइन रखी है एक । तैयार कर।"

फोन रखता है । नीरज, रागिनी की मदद से ड्रिंक्स तैयार करता है। तीन ग्लास। रागिनी भी थोड़ी सी पियेगी आज

रागिनी :

"नीरज, एक बात बताओ ।"

नीरज :

"पूछो भाभी, तुम पूछोगी तो ये नाचीज देवर भला चुप कैसे रहेगा ।"

रागिनी :

"मजाक नहीं नीरज । सीरियस बात है। तुम्हें यह फिल्म बनाकर कैसा लग रहा है ?"

नीरज :

गहरी सांस भरकर

"सच कहूं भाभी"

रुकता है

"कुछ अजीब सी भावना है । एक ओर तो इतनी बढ़िया प्रेजेंटेशन बनाने पर गर्व होता है । एक ऐसी फिल्म जो टेकनिकल कोण से एक मिसाल तो है ही साथ ही ह्यूमन एलिमेंट्स ने भी अपनी अमिट छाप छोड़ी है । एक ऐसी फिल्म जो इतने स्पेशल इफेक्ट्स होते हुए भी महज बीस लाख में पूरी हो गई। ऐसा गर्व होता है । भाभी मानो, जीवन के परम उद्देश्य का एक महत्वपूर्ण अंश प्राप्त किया हो।"

"पर दूसरी ओर एक अजीब सी बेचनी होती है । ऐसी बैचेनी जैसे हमसे कोई गलती हो गई हो ।"

रुककर बोलता है

"मुझे मालूम है कि गलती हमने कोई नहीं की है। फिर भी लगता है कोई आवाज आती हुई । बार बार कि नीरज तू अलग रह गया है । या तो तू बहुत आगे चला गया है जहां अकेला तू तड़प जाएगा या फिर तू पीछे रह गया है । शायद पीछे ही रह गया हूँ ।"

रागिनी :

"नहीं । पीछे नहीं, बल्कि कुछ आगे ही हैं हम । ज्यादा ही आगे । बस ऐसा लगता है कि कोई खींच रहा हो। जैसे आत्मा आगे जा रही हो, मन आगे जा रहा हो, हृदय आगे जा रहा हो , पर कोई फिर भी है जो कदमों में बेड़ियां डालने को आतुर है ।"

नीरज :

"पर हम आगे तो जाना ही है भाभी । अभी तो सिर्फ शुरुवात है । एक के बाद एक मास्टर पीस तैयार करना है। कितना सजीव और सशक्त माध्यम है भाभी यह सिनेमा भी । हम जो कुछ कहना चाहते है कितनी आसानी से कह सकते है ।"

रागिनी :

"कह सकते हैं पर सिर्फ तभी यदि हम कुछ कहना चाहते हों । नीरज, एक नजर उठाकर देखो तो न जाने कितने लोग मिलेंगे जिनके पास कहने को कुछ नहीं होता फिर भी वे सिनेमा के व्यवसाय में है । वे फिल्म डायरेक्ट करते हैं प्रोड्यूस करते है और एक ऐसा उद्देश्यहीन, तीन घंटे का टुकड़ा बनाते है जो कुछ भी नहीं कहता ।"

"तीन घंटे, १८ रोल, अनगिनत लोग, विशाल प्रयासों की उपज पर निरी अर्थहीन । निरी व्यर्थ। क्या होता है उसका परिणाम? कुछ नहीं । क्या होता है उसका चिंतन? उसका संदेश? कुछ नहीं। बिना किसी उद्देश्य के, बिना किसी मार्ग के, बिना किसी परम स्थान की आकांक्षा लिए ये लोग चलते रहते हैं ।"

"मृत्यु को साकार करके एक फिल्म बनाते हैं और कौन लेता है श्रेय ? वे कहते कि हम सब, हीरो हीरोइन पूरी टीम की विजय है यह विजय, नीरज विजय । बिना किसी संग्राम की विजय? क्या लड़ाई की उन्होंने ? क्या लक्ष्य था उनका ? मृत्यु की प्राप्ति ही यदि उद्देश्य था तो हां वे हकदार हैं तमाम मेडल्स और पुरस्कार के। मृत्यु के जागीरदार हैं ये सब।"

नीरज :

"लेकिन भाभी यदि उन्होंने मृत्यु के मसीहा की भूमिका अपनाई है तो उन्हे मृत्यु के उपासक भी तो मिले हैं । हर

कण उस मृत्यु में हिस्सा लेता है जो उस तीन घण्टे की मृत्यु से जुड़ा हुआ है । हर बिन्दु, हर शरीर, हर क्षण है उतरदायी उसअंत का। उस विध्वंस का जिसमें निहित है सृजन की मृत्यु।"

"किसे चाहिए उद्देश्य जीवन का भाभी ? कितने मनुष्य है जो एक उद्देश्य लेकर चलते हैं ? जो जीवन को गति मानकर ऊर्जा की उपासना करते हैं ? जो प्राण को प्राथमिकता देते है न कि शरीर को ? सिनेमा तो हास परिहास का साधन है उनके लिए। साधन है समय काटने का भाभी , यू नो टाइम पास। साधन है खुश होने का बिना किसी कारण के।"

"वे अपनी रोज़मर्रा की मुर्दा ज़िन्दगी में प्राण सालने के लिए आते है थियेटर। उद्देश्यहीन जीवन के उपासक उस आनन्द को पाने आते हैं जिसके लिए उन्होंने एक क्षण को एक पल को भी कोई पुरुषार्थ नहीं किया ।"

"और वे खुश होते हैं क्योंकि यहां भी उन्हें अपना प्रतिबिम्ब दिखता है। मुर्दा शरीर, पर चलता हुआ। वे सब जो लक्ष्यहीनता और बुद्धि हीनता को सरल सात्विक जीवन समझते हैं उनके लिए यही सृजन है और यही आनन्द ।"

"जो आनन्द को परिभाषा ही नहीं समझते वे आनन्द अर्जित क्या करेंगे भाभी । और एक बार आने के बाद वे अर्जित क्या करते हैं ? शून्य । शून्य बन कर आते हैं तीन घण्टे बैठते हैं और शून्य बनकर वापस चले जाते हैं । अपनी विचार हीनता और ठहराई हुई ज़िन्दगी की लाश को यथावत जीने के लिए ।"

रागिनी :

"पर हमें मृत्यु के बारे में सोचने की क्या आवश्यकता ? यह समय है अपने सार्थक और गतिमय जीवन का आनन्द लेने का। वह आनन्द जिसे हमने अर्जित किया है । जिस पर हमारा हक हैं ।"

असीम का प्रवेश

असीम :

"ओ मेरी धोबन । तेरा गधा हाजिर है । लाद दे सारा बोझ इस पर और डाल दे इसके गले में फ्रेंच वाइन की चंद बूंद ताकि फिर मुझे अपनी दुलत्तियाँ मारने में चरम आनन्द की प्राप्ति हो।
नीरज पर थोड़ा प्यार आ रहा है आज !"

हंसता है

नीरज :

"प्यार भरी दुलत्तियाँ पाकर ही तो इतना बड़ा हुआ हूँ। पर आज होशियार। ये गेंडा भी सुरूर में आनेवाला है।"

रागिनी पैग्स लेने जाती है

असीम :

"नीरज, कितनी शांति है आज हृदय में। एक विजय की अनुभूति। एक ख़ुशी की लहर मेरे कण कण में जब मैं अपनी फिल्म देखता हूँ और पाता हूँ कि जो कुछ सोचा था, बिलकुल स्पष्ट तरह से, कितनी सरलता से आकार लेकर चित्रित हुआ है प्रतिबिम्ब में।"

"ऐसी ख़ुशी जैसी शायद ब्रह्मा जी को तब हुई होगी जब उसने इस ब्रह्मांड की रचना की। एक सार्थक रचना एक सार्थक कृति। जिसका हर अंश अपने में शुध्द सत्यता छिपाये हुए है। हर कण आनन्द से विभोर, हर पल सम्पूर्ण, हर क्षण जीवित।"

असीम उठकर किचन की ओर जाता है, जहां रागिनी ड्रिंक्स लेने गई है

असीम :

आवाज को थोड़ा तेज रूख दे कर

"रागिनी, थोड़े काजू और मखाने अगर हो तो ले आना भूनकर। मजा आएगा।"

वापस आकर सोफे पर बैठता है

असीम :

आवाज ऐसी मानो किसी शांत साधु के सारे विचार आत्मा से चलकर जिव्हा के सहारे बहे चले आ रहे हो

"जीवन का सार गति है नीरज। गति ही मूल मंत्र हैं। निडर निश्चिन्त गति जिसमें सारे विराम सारे विरोध अपने को लीन करते जाएँ और किसी प्रकार का प्रयास लगाने

की आवश्यकता न हो। गति स्वच्छंद, उन्मुक्त और स्वतंत्र गति । गति जिसका पथ स्वच्छ हो । गति जिसके, पीछे शक्ति हो, मूलभूत जीवन की । जिसमें लय हो प्राणो की । गति जिसमें निहित हो मानवता। गति जो इस शरीर को पूर्णता दे । गति जिसका ध्येय परम हो । गति जिसका लक्ष्य सम्पूर्ण मानवता की प्राप्ति हो । गति जो सिर्फ गति हो । शुध्द , सरल, सम्पूर्ण गति । वही तो जीवन है।"

रागिनी का ड्रिंक्स व स्नैक्स के साथ प्रवेश। ट्रे मेज पर रखती है और ग्लास सबके सामने रखती है

रागिनी :

"इस खुशी के पल में हाजिर है फ्रांस की डेलिशस रेड वाइन ।"

तीनो :

ग्लास उठाकर

"चीयर्स ।"

एक एक घूंट भरकर

असीम :

"कैसे मारा होगा रूपकंवर को नीरज । हत्या थी वह । स्पष्ट हत्या । और कुछ पता नहीं चला ।

कोई अपराधी नहीं । कोई दण्डित नहीं । खुले आम मार डाला , जलाकर, वो भी बेहोशी की हालत में जिससे वह प्रतिरोध न कर सके ।"

"हत्या करने के बाद देवी बना दिया। और इस देश के लोग जाकर वहां जाकर माथा टेकते हैं । दुर्भाग्य देखो मानवता का। चरम अवनति है यह । जहां ईश्वरत्व की हत्या होती है और हत्यारे भक्त बनकर सम्मान हासिल करते हैं । कैसा समाज है यह ?"

"मानव जो मूल रचना है ईश्वर की उसके लिए कोई सम्मान नहीं पर सम्मान है तो दुष्टता का, अमानवीयता का । हत्या करो, फिर क्षमा याचना करो और महान बन जाओ । अशोक महान । जब लाखों लाशे बिखरी हों , युध्द में विजय मिल चुकी हो, भाई बन्धुओं का वध हो चुका हो तब शांति की उपासना करनी शुरू कर दो । इतिहास तुम्हे महान बना देगा। हिरोशिमा पर बम गिरा दो । उसके बाद जानबूझकर नागासाकी के लाखों निर्दोष लोगों की हत्या कर दो दूसरे बम से और फिर पचास वर्ष बाद जब सम्पूर्ण नेतृत्व हाथ में हो तो शांतिदूत बन जाओ । वाह। क्या उन्नति है । क्या भावना है ।"

नीरज :

"दुख होता है क्या तुम्हें ?"

असीम :

"पता नहीं क्या होता है, पर कुछ तो होता है। एक अजीब सा अहसास जिसे मैं समझ नहीं पाता।"

रागिनी :

"दुख क्यों होगा? हम अपना काम कितने समर्पण से करते है और मुझे पता है मेरा श्रम कितना सुन्दर है। मेरी मूवी, टीमवर्क एक एक चीज में पूर्णता झलकती है। फिर मैं क्यों दुखी रहूँ। मुझे अपनी प्रसन्नता स्वयं में दिखाई देती है। अपनी सरगम में मुझे कला की, सृजन की शक्ति दिखाई देती है। मेरी सारी आशाऐं मुझमें केंद्रित हैं। मुझे क्यों दुःख होगा?"

"मैं उत्तरदायी हूँ स्वयं के लिये। मुझे अपना कार्य भली भांति परिचित है। जीवन का उद्देश्य स्पष्ट है। फिर मैं क्यों चिन्तित रहूँ? यदि हम हर पल को जी रहे हैं तो वही हमारा पुरस्कार है और वही हमारा कर्म।"

"मेरा उत्तरदायित्व मुझ तक सीमित है। मुझे आशा है कि एक दिन हर मानव अपना उत्तरदायित्व भली भांति समझ जाएगा। मुझे आशा है कि हम सामाजिक स्तर पर उस स्वतंत्रता को एक दिन अवश्य पाएंगे।"

"मैं दुखी नहीं हूँ, नीरज बिलकुल नहीं।"

नीरज :

"आशा ही तो इंधन है जीवन का । आशा ही तो जलाती है ज्वाला को। पर वास्तविकता, आजकी, वर्तमान की यह है , कि आशाएँ मर रही हैं। सपने जन्म ही नहीं लेते । और जीवन जीते जी मृत्यु बन जाता है । आशाएँ सदैव फलती फूलती रहनी चाहिए । और यही है हमारी शक्ति । हम सफल हैं क्योंकि हमें आशा है सफलता की ।"

"हम संतुष्ट हैं क्योंकि हमें प्रतीक्षा रही है प्रसन्नता की। हम संतुष्ट हैं क्योंकि हमने सपना देखा है, सन्तुष्टि का । हम आनंद से सराबोर हैं क्योंकि हमने पुकारा है आनन्द को । हम जीवित हैं क्योंकि हमारे कण कण की आशा रही है जीवन की । क्योंकि कण कण ने आलिंगन किया है जीवन का । सपनों की माला के साथ ।"

असीम :

"नीरज, मैंने सोचा है कि अपनी पहली मूवी की इंग्लिश डबिंग करवा कर जल्दी ही यूरोप और अमेरिका में रिलीज़ करवा देते है । न्यूयार्क फिल्म फेस्टिवल एंट्री मिली तो अच्छी पब्लिसिटी होगी और प्रॉफिट भी बढ़ेगा ।"

नीरज :

"डबिंग के लिए मैंने स्टुडियो और आर्टिस्ट्स पहले से ही तैयार कर रखे है । तू चिन्ता मत कर ।"

ड्रिंक्स खतम होती है । आरती का प्रवेश

आरती :

"रागिनी, तुम्हे आना चाहिए था रागिनी । क्या गेटअप आया है फाइनल प्रिंट में । एक एक शॉट जैसा ख्वाब में देखा था । वैसा उतर आया परदे पर । ठीक वही लाइट इफेक्ट्स, ठीक वही शेडोस जैसा चाहा था। मैं चाहती थी कि तुम्हारे साथ देखती पहला पर कोई बात नहीं । वीडियो पर या प्रोजेक्टर लगाकर देख तो सकते हैं लेकिन वो बात वो अहसास नहीं मिलता जो थिएटर में दर्शकों की भीड़ के साथ बड़े परदे पर मिलता है ।"

रागिनी :

"अरे आरती, तू दुखी मत हो । मैं थियेटर जाऊँगी और वह भी तेरे साथ। हम उन दर्शकों के बीच बैठकर साथ साथ मूवी देखेंगे । अपनी मूवी। हमारी अपनी बनाई हुई मूवी।"

आरती :

"तो इस शनिवार का इवनिंग शो ? पक्का ?"

रागिनी :

"पक्का ।"

आरती :

नीरज से

"नीरज, अब टिकट निकलवाना तुम्हारा काम।"

नीरज :

"टिकट्स की परवाह करना छोड़ दो आरती। अरे मूवी हमने ही बनाई है। हमे ही नहीं मिलेंगे टिकेट्स तो किसे मिलेंगे ?"

दरवाजे पर आहट के साथ कार्तिक व मानसी का प्रवेश। नीरज व असीम साथ साथ खड़े होकर तालियों से दोनो का अभिवादन करते हैं

असीम :

"बधाई हो कार्तिक बधाई हो मानसी । हम सफल रहे और इसका एक महत्वपूर्ण श्रेय तुम दोनों को जाता है।"

नीरज :

"लेडीज एण्ड जेन्टलमैन आपके सामने उपस्थित है अपने समय की महान मूवी "प्रतिबिम्ब" के मुख्य कलाकार कार्तिक और मानसी ।"

आरती और रागिनी खड़े होकर तालियां बजाती है अभिवादन में । साथ में नीरज व असीम भी एक बार फिर अभिवादन करते हैं

मानसी :

"धन्यवाद, धन्यवाद !"

सिर विनमता से पर शालीनता के साथ झुकाकर

"ठीक है कि हमारी एक्टिंग और पूरी परफॉर्मेन्स बहुत अच्छी रही । लेकिन श्रेय ऐसे बांटा नहीं जाता । हम सबने अपने अपने स्तर पर अपना काम अच्छी तरह किया है। अगर श्रेय जाता है तो हर सदस्य को पूरा श्रेय जाता है । ख्याति चाहिए तो हर सदस्य को पूरी ख्याति मिलनी चाहिए।"

"यह बात अलग है कि दर्शकों ने तालियां हमारे किये ही ज्यादा बजाई पर मुझे, कार्तिक को और हम में से हर किसी को यह अहसास रहना चाहिए कि अपनी इस इमारत में हम बराबर के नींव के पत्थर रहे है और यही हमारी खुशी का कारण है ।"

"सबको बहुत बहुत बधाई"

तालियों से सबका अभिवादन, सभी साथ देते हैं

कार्तिक :

तालियाँ रुकने के बाद

"एक कलाकार, एक प्रोफेशनल कलाकार होने के नाते हालाकि मेरा फ़र्ज़ इतना बनता है कि मैं अपना काम करु पैसे लूं और चले जाऊँ पर जैसा मैंने पहले भी कहा था।"

"पर आज जब प्रतिबिम्ब का पहला शो थियेटर में देखा तो इतने दिनों को तपस्या पर मुझे एक गर्व सा होने लगा है। मैं भी किसी तरह की भावना से जुड़ना नहीं चाहता असीम, मगर शायद यह भी एक भावना ही है। और कुछ है अन्दर जो बार बार यह सोचने को, यह कहने को मज़बूर कर रहा है कि मानो, मैं एक अंग बन गया हूँ एक टीम का एक शरीर का जिसका बाकी हिस्सा असीम, रागिनी, आरती, सृष्टि, मानसी और नीरज में बराबर से बंटा हुआ हो।"

धीरे से रुककर

"जीवन में शायद पहली बार ऐसा लगा है कि मानो एकान्त छंट गया हो। ऐसा जैसे मैं खुद से लड़ना नहीं चाहता। एक सामान्य सा अपनापन जिसमें मैं खुद को मिला चुका हूँ। एक ऐसा संसार जिससे खुद को मिला चुका हूँ। एक ऐसा संसार जिससे मुझे न कोई घृणा न कोई अपार स्नेह बस एक बहुत सरल सा विश्वास कि मैं हूँ, नीरज है, असीम है। एक अहसास कि मैं कितनी सरलता से जी रहा हूँ।"

"प्रतिबिम्ब मेरे लिए एक तप बन गया था। एक प्रार्थना। और उसका फल मुझे मिल चुका है असीम। मुझे कोई इच्छा नहीं कि आज हर दर्शक मेरे लिए तालियां बजाए। क्योंकि आज मैं खुद अपना अभिवादन कर रहा हूँ। मुझे पूरा अहसास है कि मैंने कितनी सीढ़ियां चढ़ी हैं और मैं आज यह देख सकता हूँ कि अभी कितनी उंचाई और बाकी है। इससे अच्छा फल क्या होगा असीम।"

असीम :

"कार्तिक, यदि ध्येय स्पष्ट हो और आत्मा की अग्नि को सदैव प्रज्ज्वलित करके समर्पण किया जाए तो वही कहलाता है कर्म और वही होता है प्रसाद । सुन्दरता की परिणति होती है वह जब कर्म और कर्म का फल आपस में ऐसे घुल मिल जाते है कि बस एक संतुष्टि ही परिणाम बन कर उभरती है।"

"हमारी सफलता ही हमारा कर्म है और यही हमारा ध्येय ।"

कुछ क्षणों को शांति के बाद

मानसी :

"असीम, हमेशा की तरह आज भी यहाँ ज्यादा देर नहीं रुक पाएंगे । वैसे इसकी अब कोई आवश्यकता है भी नहीं। जब ईश्वर को कण कण में पा लिया हो तो मंदिरों का स्वरूप ही निरर्थक हो जाता है। इजाजत चाहूँगी क्यो कि बाकी एसाइनमेंट्स अब पूरे करने हैं। सबकी डेट्स इकठ्ठा हो चली हैं।"

कार्तिक :

"हां असीम, चलता हूँ, जाना होगा ।"

कार्तिक व मानसी का प्रस्थान

आरती :

"नीरज, शनिवार को मैं और रागिनी अगर इवनिंग शो नहीं देख पाए तो तुम्हारी छुट्टी । समझ लो ।"

इतना कहकर आरती भी निकल जाती है । नीरज और असीम कक्ष में बैठे है । फोन की घंटी बजती है । रागिनी आरती के पीछे पीछे निकल जाती है बाहर

असीम :

"हैलो, असीम हियर।"

फोनपर :

"६. . . ८. . . ८. . . ५. . . ९. . . ६. . . ४"

असीम :

"जी।"

फोनपर :

""प्रतिबिम्ब" फिल्म के निर्माता असीम से बात करनी है। क्या आप उन्हें बुला देंगे?"

असीम :

"जी मैं असीम ही बोल रहा हूँ।"

फोनपर :

"नमस्कार, असीम जी। मैं सामाजिक संस्था " परिवार " का प्रतिनिधी और आपके इलाके का एम. एल. ए. कौशल बोल रहा हूँ।"

असीम :

शांत होकर

"नमस्कार कौशल जी, कहिए कैसे फोन किया?"

कौशल :

"आपकी फिल्म ने समाज को झझकोर कर रख दिया है। मैं आपके दर्शन करना चाहता हूँ। देखना चाहता हूँ इस महान विभूति को जिसने लोगों को भावना को आंदोलित कर दिया है। देखना चाहता हूँ इस शक्ति को। बोलिए,

आपकी इजाजत है क्या?"

असीम :

"क्यों शर्मिन्दा करते है कौशल जी आप? कभी भी आ जाइये। ज्यादा उम्मीद मत रखिये मेरी महानता की। निराश न होइयेगा यदि एक सामान्य से मानव से आपका सामना हो।"

कौशल :

"सामान्य मानव का मिलना ही तो अचम्भा होगा मेरे लिए असीम जी। आज शाम को ही आ जाऊँ अगर आपका कोई महत्वपूर्ण कार्यकम न हो तो?"

असीम :

"जी नहीं ऐसा कुछ तो नहीं है। पर आप अगले सोमवार साढ़े पांच बजे आ जाइये तो अच्छा रहेगा। मैं आपका इंतजार करूँगा।"

कौशल :

"ठीक है फिर सोमवार की शाम को मिलते हैं। नमस्कार।"

असीम :

"ठीक है ।"

फोन रखता है

नीरज :

"कौशल आ रहा है ?"

रोष और घृणा का स्वर

असीम :

"हां कौशल आ रहा है"

स्वर में भावना रहित शांति, आंतरिक शक्ति का परिचय देते हुए

नीरज :

"क्यों दी अनुमति उसे ? यह जानते हुए कि वह क्यों आ सकता है ? यह पता होते हुए भी कि उसकी विचारधारा महज एक शून्य है । बात करेगा तू उससे ? क्या निष्कर्ष होगा उससे वार्तालाप का ? क्या तुझे पता नहीं कि उसका दृष्टिकोण कितना घृणित है ? कितना असहनीय ?"

"तू जानता है कि वह तेरा अपमान ही करना चाहेगा। तू जानता है कि वह "प्रतिबिम्ब" का निरे वीभत्स स्वरुप लिए शब्दों में महज विरोध ही कर सकता है । फिर भी तूने उसे बुलाया ? तुझे मालूम है कि तू उसका अपमान या सम्मान तो क्या, उसके शब्दों को जरा भी मान नहीं देगा फिर भी तूने उसे अपने घर बुलाया ? एक शत्रु को ..."

असीम :

"नहीं नीरज। कोई शत्रु नहीं है मेरा। मैं शत्रुता में विश्वास नहीं करता नीरज । मुझे अच्छी तरह पता है कि वह क्यों आना चाहता है । अच्छी तरह पता है मुझे उसका उद्देश्य । उसकी छद्म और द्विअर्थी बातें । उसकी आवरण हीन शालीनता। उसकी वस्त्रयुक्त नग्नता । मैं मूर्ख नहीं हूँ नीरज ।"

"वह आएगा, अपनी बात कहेगा और चला जाएगा । मैं यदि उसके विचारों को, उसके भावों को खुद तक पहुँचने ही न दूँ तब कैसा सम्मान कैसा अपमान ? और नीरज मैं तो अथाह समन्दर हूँ । आने दे उसे विलीन हो जायेंगे सारे सम्मान सारे अपमान मुझमें। कर लेने दे उसकी कुरूपता को मेरा आलिंगन। कर लेने दे उसकी अविकसित मानसिकता को प्रवेश मुझमें । नीरज, मुझमें शांति का अपार स्वरुप है । मैं सम्पूर्ण हूँ । मुझमे सारी आशाएं, सारे स्वप्न आ कर मिलते हैं । मैं घृणा और प्यार की शरण स्थली हूँ ।"

"मैं क्या चुनता हूँ यह मेरा निर्णय है । मैंने शांति, शक्ति और स्नेह को चुना है । और यही मेरा व्यक्तित्व है । मुझे. अपने विरोध का भय नहीं। न ही कोई चिंता है, कुछ खोने की

। सब कुछ तो है मुझमें। मेरे अन्दर। क्या खो सकता हूँ मैं? कुछ नहीं। क्या पा सकता हूँ मैं? सब कुछ। आ जाने दे उसे भी आज। कौशल का स्वागत करूँगा मैं।"

नीरज :

"मेरा निर्णय स्पष्ट है असीम। यदि मेरे पास कौशल जैसे लोगों के लिए कुछ है तो सिर्फ घृणा और अपमान। और इन भावनाओं ने यदि साकार रूप लिया तो मेरी शांति भंग होगी। मुझे स्वयं पर नियंत्रण नहीं रहेगा। मुझे क्षमा कर क्योंकि मैं कौशल का सामना नहीं करना चाहता, मैं चलता हूँ। और सोमवार को मेरी प्रतीक्षा मत करना।"

भरे हृदय से नीरज धीरे धीरे प्रस्थान करता है

सोमवार, कौशल का प्रवेश

कौशल :

"आप ही हैं असीम क्या?"

असीम :

"जी हां कौशल जी, मैं ही हूँ असीम। मेरे घर में आपका स्वागत है।"

कौशल :

"मुझे जानते है आप?"

स्वर स्तरहीन गर्व की झलक

"मैं तो आपसे कभी मिला ही नहीं।"

असीम :

"आपको भला कौन नहीं जानता।"

भावहीन मुस्कराहट के स्वर में

"आपने तो अपने समाज में खासी महत्वपूर्ण जगह बना रखी है ।"

कौशल :

तारीफ सुनकर और प्रसन्न होता है । गर्व और बढ़ता है

"अरे बस असीम जी मैं तो एक छोटा सा प्रतिनिधि हूँ समाज का। सेवा मेरा धर्म है । शोषित, पिछड़े, लाचार और गरीब मध्यम वर्ग को देख कर मेरा हृदय डोल जाता है । मैं चाहता कि सबका दुख बांट लूं। क्या करूँ दिल ही कुछ ऐसा है मेरा। आखिर कोई तो होना चाहिए जो समाज के दुःख दर्द को सुने उनकी बात को सामने लाए। यही ध्येय है मेरा। समाज का प्रतिनिधित्व ही अर्थ है मेरे जीवन का । अब लोग जबरदस्ती सम्मान करना चाहते हों तो आप किस किस को रोकेंगे ? बोलिए । वरना मैं तो एक तुच्छ सा मानव। इस विशाल ब्रह्माण्ड में मेरी क्या हस्ती मेरी क्या औकात ।"

असीम :

एकाग्रता से भरे शांति के स्वर में

"आप प्रतिबिम्ब के बारे में कुछ कहना चाहते थे ?"

कौशल :

विस्मय और हीनभावना से थोड़ा विचलित हो कर मानो उसकी उपस्थिति को नकारा गया हो

"हां हां । प्रतिबिम्ब। बहुत अच्छा काम है । खास तौर से यह मानकर कि पहली फिल्म है आपकी। जोश है उम्र का । समय का । खून में प्रबलता है ।"

अपनी उपस्थिति का पुनः आभास कराना चाहता है।

"मैं भी कुछ ऐसा ही था । समाज को सुधारना चाहता था । और शायद उसी मार्ग पर चल कर आज यहां तक पहुंच सका हूँ।"

असीम :

"आप विषय से भटक रहे कौशल जी। मैं अपनी फिल्म प्रतिबिम्ब के बारे आपके विचार जानने को उत्सुक हूँ।"

कौशल :

अस्थिरता स्पष्ट होती है

"असीम जी। मैं आपकी भावनाओं का अनादर नहीं करना चाहता । पहली फिल्म है । मैं आपके प्रयासों का , आपको कर्मशीलता का कोई अपमान नहीं करना चाहता हूँ । पर मैं समाज का प्रतिनिधि हूँ । समाज की धारणा, समाज का चिन्तन सर्वोच्च होता है । मैं यह नहीं कहना चाहता हूँ कि आप समाज के विरोधी हैं या समाज के शत्रु । मैं आपको कोई कष्ट या दुख नहीं पहुंचाना चाहता । आप समझ रहे हैं ना असीम जी ?"

प्रतीक्षा में कि असीम के मुख से भय झलके

असीम :

स्थिरता व निडरता की प्रतिमूर्ति बनकर

"कौशल जी आप क्या कहना नहीं चाहते और क्या करना नहीं चाहते, मैं यह जानने का इच्छुक नहीं। अपितु, मैं यह सुनना पसंद करूँगा कि आप क्या कहना व करना चाहते है ।"

कौशल :

"अगर आप सुनना ही चाहते है तो ...."

असीम :

बात काट कर

"मैं वह सुनूंगा जो आप कहना चाहते हैं । आप भी वह कहिए जो आप कहना चाहते हैं । निर्भय हो कर। मुझ पर विश्वास करिए । मैं आपकी बात सुनने का साहस रखता हूँ ।"

कौशल :

अपनी वास्तविक नगण्यता के अहसास से विचलित हो कर

"समाज के एक महत्वपूर्ण हिस्से को आपकी फिल्म की कथा, अंत और कुछ दृश्यों पर कुछ आपति है । लोगों का

कहना है कि आपने सत्य का बहुत कड़वा स्वरूप प्रस्तुत किया है जिससे समाज पर बुरा असर पड़ने की सम्भावना है । इतना कड़वा सत्य हिंसक होता है । समाज के लिए हानिकारक होता है । लोगों का कहना है कि आपकी फिल्म में हिंसा बहुत है । आपकी फिल्म में नारी जाति पर अत्याचार दिखाया है । समाज का युवा वर्ग गलत प्रेरणा लेकर अपने सुमार्ग से भ्रमित हो सकता है । लोगों का कहना है कि आपने अपनी फिल्म में वास्तविक घटना को डालने की कोशिश की है जिससे समाज की भावना आहत हो सकती है ।"

"समाज कल्याण मंत्री होने के नाते समाज की भावनाओं की रक्षा करना मेरा कर्तव्य है। मैं नहीं चाहता कि आपका जैसा अच्छा निर्माता कोई कष्ट सहे पर मेरी प्राथमिकता समाज का कष्ट निवारण है। अगले सप्ताह तक सेंसर बोर्ड आपको फिल्म के उपर कोई एक्शन ले सकता है ।"

"यदि आप क्षमायाचना सहित आपत्तिजनक दृष्य हटा ले तथा कुछ परिवर्तन कर दें तो सम्भवतः सेंसर का सामना आपको न करना पड़े अन्यथा सेंसर के प्रश्नों का आपको उत्तर देना पड़ सकता है । मैं नहीं चाहता कि आपको ऐसी विषम स्थिति का सामना करना पड़े। मैं आपका भी हित चाहता है । शायद आप मेरी बात समझ रहे होंगे । यदि अभी कोई समझौता हो जाए तो हम बेकार की झंझटबाजी से बच सकते है ।"

असीम :

उसी एकाग्रता के साथ

"मैं अगले सप्ताह सेंसर बोर्ड का सामना करने को तैयार हूँ । मुझे किसी प्रश्न से कोई आपत्ति नहीं है । मैं उत्तरदायी हूँ अपने कर्म का और मैं उत्तर देने समर्थ भी हूँ। आप मेरा उत्तर समझ गये होंगे शायद।"

कौशल :

क्रोधभरे स्वर में

"शायद आपको परिणाम का भय नहीं । समाज से मत टकराइये। अंत भयावह हो सकता है आपका । आप समझ रहे है मेरा अर्थ ?"

असीम :

शांत

"आपका अर्थ पहले से जानता हूँ । आप जा सकते हैं । मुझे सूचना देने का धन्यवाद"

हाथ जोड़कर
    कौशल का प्रस्थान

द्वितीय दृष्य समाप्त

8

तृतीय दृष्य

मैं प्रश्न हूँ या स्वयं उत्तर हूँ

ओ परम यह आभास करवा दे ।

प्रारम्भ से हो अंत का क्यों भ्रम

उच्छवास में जलता हुआ क्यों तन,

पीड़ा हुई आनन्द की परिणति,

कण कण छिपाता फिर रहा सद्गति

तुफान पर आवरण यह कैसा,

भय और लघुता का नमन कैसा,

लय दे इसे उन्माद दे सुर दे,

इसकी नसों में स्वयं को भर दे ,

पर्वत झुके, बह जाए नभ गिर कर,

मिट जाय वह जो बन रहा जर्जर,

हर ओर जीवन अर्चना जन्मे,

हर ओर शाश्वत भावना जन्मे,

मानव बने प्रतिश्रुति सरल सत की,

सतहीन को इतिहास करवा दे,

मैं प्रश्न हूँ या स्वयं उत्तर हूँ ,

ओ परम यह आभास करवा दे ।

बेचारा :

"आज असीम का कोर्ट मार्शल होगा । असीम की फिल्म प्रतिबिम्ब हिट तो रही है, पर राजनेताओं की साजिश के तहत उसे आन्दोलनों का शिकार होना पड़ा है। लिहाजा जगह जगह विरोध आम बात है । पर प्रतिबिम्ब का कलेक्शन दिन पर दिन बढ़ता गया । और आज वह सफल हुई है । लेकिन समाज तो समाज ही है । असीम आज कटघरे में है।"

सेंसर बोर्ड के सदस्य कुमार, जयंत, राजेश, नीलेश तथा समाज कल्याण मंत्री कौशल अपने आसनों पर बैठे है । कटघरे स्वरुप आकृति के पीछे असीम खड़ा है प्रश्नो का उत्तर देने के लिए

कुमार :

"असीम, मेरा नाम कुमार है । मैं ज्युरी का अध्यक्ष हूँ । मेरे साथ जयंत, राजेश और नीलेश अन्य सदस्य हैं ज्यूरी बोर्ड के । समाज का प्रतिनिधित्व हमारी राज्य सरकार के समाज कल्याण मंत्री कौशल जी कर रहे हैं जिनसे आप परिचित ही है ।"

"प्रश्नोत्तरों का सिलसिला शुरू करने से पहले मैं आपको यह बता दूँ कि हम सभी को प्रश्न करने का अधिकार रहेगा । अंतिम निर्णय ज्यूरी का होगा। अंतिम निर्णय अपनी चरम अवस्था में आपकी विवादास्पद फिल्म पर पूर्ण प्रतिबन्ध भी हो सकता है । क्या आप इससे अवगत है ?"

असीम :

"जी हां कुमार महोदय, मुझे हर प्रकार के परिणाम का आभास है और मैं भली भांति तैयार भी हूँ ।"

कुमार :

"आपका कोई प्रतिनिधि ?"

असीम :

"नहीं । अपनी बात मैं खुद करना चाहूंगा ।"

कुमार :

"क्या यह आपका अंतिम निर्णय है ? आपको अनेकों प्रश्नो का उत्तर देना होगा जो कुछ हद तक आपको थका भी सकता है ।"

असीम :

"मेरा निर्णय सोच समझ कर लिया गया निर्णय है । आप कार्यवाही शुरु कर सकते हैं ।"

कुमार :

"जैसी आपकी इच्छा। मैं अपने सदस्य गणों से यह अपेक्षा करूँगा कि वे प्रश्नों का तथा आरोपों का क्रम शुरू करें।"

नीलेश :

"पिछले पंद्रह बीस दिनों में आपकी फिल्म प्रतिबिम्ब ने काफी अच्छा बिजनेस किया है । बहुत रिकार्ड्स तोड़े हैं। प्रतिबिम्ब एक सामान्य फिल्म नहीं कही जा सकती । प्रतिबिम्ब का कथानक और उसका फिल्मांकन काफी विवादास्पद रहा है । सम्भवतः वह इसी कारण इतना धन बटोर रही है ।"

"पहला आरोप आप पर यह है कि आपने महज धन बटोरने के लिए एक ऐसी फिल्म बनाई जो सामान्य से हटकर है और यह जानकर भी कि विषय विवादास्पद है आप अपने प्रोजेक्ट में आगे बढे।"

"आप सिर्फ एक धन और सफलता के लालची हैं और समस्या से आपका कोई लेना देना नहीं है । स्पष्टीकरण दीजिए अन्यथा उचित उद्देश्य का न होना ही प्रतिबिम्ब का अंत बन सकता है ।"

असीम :

निश्चिन्त भाव से मानो उस पर बाहरी विचारों का असर नहीं। वह पूर्णतः स्वयं की भावनाओं को प्रस्तुत करता है

"मैं सहमत नहीं । धन का कामना अपने आप में एक उद्देश्य है । मैंने धन अर्जित किया है, लूटा नहीं । यह मेरा पारिश्रमिक है न कि डकैती या रिश्वत का धन । एक एक पैसे, एक एक नोट पर मेरा अधिकार है । यदि धन की कामना अपराध है तो मैं नहीं सब अपराधी है। हम सब। यदि भीख मांगना उचित है तो मैं ऐसे समाज का अंग नहीं जहां धन भीख मांगकर और दे कर बटोरा जाता हो ।"

"धन, अर्जित किया हुआ धन, उन्नति का प्रतीक है । स्वयं के परिश्रम और पुरुषार्थ पर पायी उन्नति का प्रतीक है । स्वयं के परिश्रम पर पायी उन्नति अपराध कैसी? ध्येय की अर्चना है उन्नति । हां, धन को कामना मेरा उद्देश्य था, है और रहेगा । पर अपने उत्कृष्ट परिश्रम के बल पर। एक जीवित आराधना के दम पर कमाऊँगा मैं धन । मेरा कार्य किसी प्रकार से कोई भी समझौता नहीं करेगा । मेरा सृजन हमेशा उत्कृष्टता की चोटी की ओर बढ़ता रहेगा। और वही होगा मेरा खून पसीना । मेरा मस्तिष्क, मेरी कल्पना, मेरा सत्कर्म।"

"प्रतिबिम्ब हर दृष्टि से एक उत्कृष्ट फिल्म है। तकनीकी दृष्टिकोण से वह लाजबाब है । पात्रों का अभिनय उंचाइयों को छूता हुआ है । प्रतिबिम्ब समाज के सत्य पर आधारित है। और मैं सत्य प्रस्तुत करने से डरता नहीं हूँ । कभी भी नहीं । मेरा ध्येय, मेरा उद्देश्य सत्य पर आधारित उत्कृष्ट फिल्म बनाकर पैसा बटोरना रहा है । और मैं नहीं मानता कि मैंने सफलता हासिल करके कोई अपराध किया है ।"

कौशल :

"सत्य की प्रस्तुति । इतना कड़वा सत्य प्रस्तुत करने से पहले डायरेक्टर महोदय, यह तो सोचा होता कि समाज उसे झेल भी पाएगा या नहीं ।"

असीम :

"सत्य कड़वा नहीं होता कौशल जी । सत्य बस सत्य होता है। और मुझे ऐसे समाज के हिस्से से कोई हमदर्दी नहीं जो सत्य का सामना न कर सके ।"

कौशल :

"यानी तुम्हे समाज पर कोई दया नहीं आती ? यह निर्दयता नहीं तो और क्या है कुमार साहब ?"

असीम :

"समाज दया का पात्र नहीं हो सकता। समाज प्रसन्नता का माध्यम ही बन सकता है । दया का पात्र मैंने न स्वयं को कभी बनने दिया न ही दूसरों को । निर्बलता की उपासना नहीं की है मैंने कभी। निर्बलता विकार है, दया की पात्र नहीं । और निर्बलता पर दया न करना निर्दयता का प्रतीक नहीं होता, कौशल जी। जो दया पर जीना चाहते हैं ऐसे बलहीन

कायरों को मृत्यु की भी आवश्यकता नहीं । उनका तो जीवन ही मृत्यु के समान है ।"

कौशल :

"तो तुम्हारे अनुसार समाज बलहीन है । कायर है । मृत है । शायद तुम्हे जनता की शक्ति का आभास नहीं । वह चाहे तो बिना सेंसर के कोई एक्शन के ही तुम्हारी महान फिल्म को ख़त्म कर सकती है,असीम ।"

असीम :

"कौशल जी, शक्ति विनाशकारी नहीं होती । शक्ति अंत नहीं, प्रारम्भ होती है । शक्ति सृजन करती है । प्रतिबिम्ब का चलना और सफल होना एक शक्ति का प्रतीक है । प्रतिबिम्ब का रोका जाना शक्ति नहीं, कायरता होगी । सत्य से बचने की कायरता। भीड़ को जुटाकर दंगा करना, मारधाड़ करना शक्ति का नहीं एक ओछी कायरता पूर्ण मानसिकता का प्रतीक है जिसके अनुसार शारीरिक बल ही शक्ति है ।"

"शक्ति आंतरिक बल है । शक्ति गति है, जीवन है । शक्ति प्रसन्नता और आनंद की अभिव्यक्ति है । यदि वह शक्ति को स्वीकार नहीं करती तो वह मुझे स्वीकार होता पर प्रतिबिम्ब की स्वीकृति मुझे मिल चुकी है कौशल जी। प्रतिबिम्ब की स्वीकृति मिल चुकी है ।"

कौशल :

"जिस समाज की आप इतनी बुराई कर रहे हैं, नहीं ऐसा न हो कि एक दिन वह आपसे बदला को आतुर हो जाए"

असीम :

"भय मुझे छू तक नहीं गया है । न ही मुझे अपनी कोई चिन्ता है । मैं बदले की दृष्टि से कोई काम करता । मेरा ध्येय मेरा उद्देश्य है जो मेरे अन्दर ही जन्म लेता है और वहीं पूरा होता है । किसी दूसरे के आधार पर मैं नहीं जीता कौशल जी। जो बदला लेने में विश्वास रखते हैं वे वास्तव में दया के पात्र हैं क्यों कि उनके पास जीवन का अपना कोई ध्येय नहीं कोई गति नहीं ।"

कुमार :

बात काटकर

"प्रश्नो का सिलसिला बढ़ा दिया जाए तो अच्छा रहेगा कौशल साहब । अगला प्रश्न जयंत की ओर से ।"

जयंत :

"आपके अनुसार आपका उद्देश्य उचित है । सम्भवतः यह सही भी हो। अंतिम निर्णय ही मुख्य निर्णय होगा । इस

लिए आपको वाक्पटुता से प्रभावित होते हुए भी सेंसर बोर्ड की निष्पक्षता बरकरार रखते हुए मैं अपनी राय जाहिर नहीं करूँगा।"

"अगला प्रश्न आपके द्वारा चित्रित हिंसक दृष्यों पर है। न सिर्फ शारीरिक हिंसा बल्कि मानसिक हिंसा की भी फिल्म में भरभार है। इसका सामाजिक वर्ग पर बुरा असर पड़ सकता है । हिंसक दृष्यों से समाज का युवा वर्ग गलत प्रेरणा ने सकता है । स्पष्टीकरण दीजिये।"

असीम :

"समाज यदि स्वयं के कर्मों को स्वयं के अतीत और वर्तमान से ही जोड़ कर रखना चाहता है तो वह उसका दोष है । दोषी एक एक व्यक्ति है यदि वह अपना भविष्य, अपने ही भूत और वर्तमान को जोड़ कर बनाना चाहता है । भविष्य में नूतनता भी होनी चाहिए। उसका स्वरूप उन्नत हो, नवीन हो तभी वह भविष्य है । तभी वह जीवन है । यदि हम अपनी गलतियों को देखकर बजाय उनको सुधारने के, उनसे प्रेरणा लेते रहेंगे और उन्हें दोहराते रहेंगे तो यह हमारी मानसिक मृत्यु का सूचक है और कुछ नहीं ।"

"हां मेरी फिल्म में हिंसा का मूल स्वरूप चित्रित है । शारीरिक से ज्यादा मानसिक । पर दर्शक उससे कैसी प्रेरणा लेता है यह उस पर निर्भर करता है । अपने निर्णय के लिए वह स्वयं उत्तरदायी है। हिंसा का चित्रण सिर्फ एक संदेश है, एक सत्य कि यह है तस्वीर हमारे सुंदर समाज की। उस संदेश का कौन सा स्वरूप दर्शक लेता है यह सोचना दर्शक का काम है, मेरा नहीं ।"

कौशल :

"यह तो ... यह तो सरासर गैरजिम्मेदाराना हरकत हुई । कि आपकी फिल्म कैसा असर कर रही है, एक सामान्य व्यक्ति पर इसके लिए आप उत्तरदायी ही नहीं ?"

असीम :

"एक सामान्य व्यक्ति पर प्रतिबिम्ब कैसा असर करेगी यह मुझे मालूम है पर एक असामान्य पुरुष पर जो असर होगा उसके लिए उसकी असामान्यता जिम्मेदार है न कि सत्य की प्रस्तुति।"

कौशल :

"अपमान है यह समाज का। घोर अपमान ।"

असीम :

"अपमान नहीं है यह अभिषाप है समाज का । जहां हम असामान्यता को सामान्य परिस्थिति बनाकर पुचकारते रहते है और एक दिन आता है जब सामान्य पुरुष को महानता का दर्जा देकर सूली पर चढ़ा देते है । यह अभिषाप नहीं तो और क्या है ?"

कौशल :

"असामान्यता का दूसरा अर्थ पागलपन होता है । तो क्या समाज मानसिक रूप से विक्षिप्त है ? यह अपमान नहीं तो और क्या है ? सदियों पुरानी परम्परायें, इतिहास, संस्कृति महज एक पागलपन है क्या ?"

असीम :

"परम्पराये, संस्कृति, इतिहास बहुत विशाल शब्द हैं कौशल साहब । परम्परा वह होती है जो जारी रखी जा सकें । अन्यथा उसकी कोई उपयोगिता नहीं । संस्कृति सुंदर होती है, वीभत्स नहीं। और इतिहास महज एक विचार है हमारा विचार। भूतकाल को हम अनेकों कोनों से निहार सकते हैं । हर व्यक्ति का अपना अलग इतिहास हो सकता है। किस इतिहास, किस गर्व की बात कर रहे हैं आप ?"

"जो कुछ प्रतिबिम्ब कहती है वह सत्य है यह आप सब स्वीकार चुके हैं। क्या यही है हमारी संस्कृति और परम्परा ? या कीचड़ को चादर से ढकना ही बन चुकी है हमारी परम्परा ? अगर कीचड़ ही हमारा इतिहास और संस्कृति है तो क्यों ना आज से हम नया इतिहास और संस्कृति रच दें ? ताकि कम से कम भविष्य तो सुधर जाए ?"

कौशल :

"इतिहास से छुटकारा पाना चाहते हो तुम ? परम्परा कीचड़ है तुम्हारे लिए ? यानी हम अभी तक सिर्फ गलतियां करते आए हैं और ढकते आए हैं । घोर आपत्तिजनक विचार हैं तुम्हारे। नयी शुरुआत के बहाने पुराना नष्ट कर देना चाहते हो तुम। एक खतरा हो तुम समाज के लिए । अनर्थ भरी क्रांति लाना चाहते हो तुम। नहीं, यह नहीं हो सकता । भविष्य की रचना इतिहास और वर्तमान पर ही होती आई है और ऐसे ही होगी भी ।"

असीम :

"आप अपना भविष्य किस आधार पर बनाते हैं यह आपका निर्णय, आपकी समस्या व आपका समाधान है । मैंने अपना मार्ग चुन लिया है।"

कुमार :

बीच में बात काट कर

"अगला प्रश्न राजेश की ओर से। मैं अनुरोध करूँगा कि बहस को किसी समाधान की ओर लाने का प्रयास करें ताकि अंतिम निर्णय स्पष्ट रूप से लिया जा सके । राजेश ?"

राजेश :

"आपको फिल्म में नारी पर अत्याचार का बहुत कुरूप चित्रण किया गया है जो एक बार फिर धन बटोरने का

माध्यम तो प्रतीत होता ही है, साथ ही कलाकारों पर किये शोषण की भी झलक देता है । नारी जगत का अपमान मानते हुए क्यों न आपके खिलाफ कार्यवाही की जाए और फिल्म के उन अंशो पर प्रतिबन्ध लगा दिया जाए ?"

असीम :

"आप जो भी निर्णय लेना चाहे उसके लिए आप और अन्य सदस्य स्वतंत्र हैं । आपकी स्वतंत्रता में किसी का दबाव या हस्तक्षेप न हो, यह मेरी कामना है । जहाँ तक प्रश्न है नारी पर अत्याचार का, शोषण का तो इस सवाल का जवाब यदि उस कलाकार से लिया जाता तो शायद उचित होता । यह आरोप मुझ पर नहीं बल्कि कलाकारों के प्रोफेशन पर है । उनकी अस्मिता और स्वाभिमान पर है । हमने यानी मैं और मेरी टीम ने अत्याचार का चित्रण किया है न कि एक दूसरे पर कोई अत्याचार । आश्चर्य है कि आप इन दो बातों में कोई फर्क नहीं समझते ।"

"हर कलाकार को उसको सहमति से उसका रोल सौंपा गया और उसे उसका उचित पारिश्रमिक भी मिला । किसी भी कलाकार ने कभी कोई प्रतिशोध या विरोध नहीं किया । कोई असंतोष को भावना, पूरी मूवी बनाते समय, कभी नहीं पैदा हुई। फिर यह निष्कर्ष कि मैंने शोषण किया , एक असम्भव सी बात है और एक मजाक है । कोरा मजाक ।"

कौशल :

"मजाक तो उन कलाकारों का प्रदर्शन कर के किया है । आप और आपके फोटोग्राफर्स सब इस काण्ड में शामिल हैं ।"

असीम :

"शायद मुझे यह बताने की आवश्यकता है कि फोटोगार्फर्स की टीम में एक भी पुरुष नहीं था बल्कि सभी स्त्रियां थी । यह बताने की जरुरत है कि मुख्य हीरोइन ने फिल्म देखने के बाद अपनी पूर्ण स्वीकृति दी थी और एक खुशी महसूस की थी अपनी कला की उत्कृष्टता पर।"

कौशल :

"यानी आप सभी सब एक ही थैली के चट्टे बट्टे हैं । सभी दण्ड के भागी है, आप सब।"

असीम :

"कौशल जी, यदि अभी तक आपने यह तय नहीं किया है कि आरोप किस पर लगाना है और क्या आरोप लगाना है, प्रश्न किससे करना है और किस विषय पर करना है तो मुझे आप पर दया आती है ।"

कौशल :

विचलित होकर

"कोई. ... कोई दया की आवश्यकता नहीं । मुझे प्रतिबिम्ब को रोकना है हर कीमत पर बस यही मेरा मूल उद्देश्य है ।"

असीम :

"क्यों रोकना चाहते हैं आप ?"

कौशल :

"अरे इतनी देर से कह रहा हूँ कि यह समाज के लिए एक खतरा है और तुम पूछते हो क्यों रोकना चाहता हूँ ?"

असीम :

"यदि खतरा है तो सिध्द तो करिये । यह क्यों नहीं कहते कि आप उस समाज को प्रस्तुत कर रहे हैं जो सत्य का सामना नहीं कर सकता । जो डरपोक है, जो निस्तेज है, लक्ष्यहीन है, जीवनहीन है । यह क्यों नहीं कहते कि आपके इस समाज को झूठ देखने व दिखाने की आदत पड़ चुकी है। क्यों नहीं कहते कि यह वह समाज है जहां व्यक्तिगत उन्नति को बुराई माना जाता है और उसे हर कदम पर रोकने की कोशिश की जाती है ।"

"किस समाज को बात करते हैं आप ? जहां ईश्वर से डरना सिखाया जाता है, प्यार करना नहीं। जहां खुश रहना मूर्खता मानी जाती है। और दुःख झेलना या दुखी रहना महानता ? किस समाज की बात करते हैं आप ? रूपकुंवर को मारना अत्याचार नहीं वह महज एक घटना है आपके लिए। उसपर आप चुप रहकर परदा डाल देंगे।"

"असत्य के आवरण से ढक देंगे और कुछ समय में वहां मंदिर बना देंगे। पर यदि कोई असीम किसी प्रतिबिम्ब में उसकी सत्यता की झलक दिखाएगा तो वह समाज के लिए खतरा बन जाएगा। हां मैं एक खतरनाक व्यक्ति हूँ। मैं समाज के लिए खतरा हूँ।"

"मैं समाज के वर्तमान के लिए खतरा हूँ। क्योंकि वर्तमान सड़ चुका है। आवरण भी आज इस लायक नहीं कि एक सामान्य पुरुष उसका अवलोकन करे। मुझसे यह सदन बर्दाश्त नहीं होती और हां, मैं उस सड़े हुए वर्तमान के लिए खतरा हूँ।"

"यदि यही वर्तमान, मुर्दा क्षत विक्षत वर्तमान आपका समाज है तो मैं एक खतरा हूँ। और मैं जानता हूँ कि आप इस वर्तमान की सत्यता स्वीकार नहीं कर सकते। कैसे करेंगे आप यह स्वीकार? आप भी तो उसका एक अभिन्न अंग हैं।"

कौशल :

"अंग तो आप भी है। आप भी तो यही बड़े हुए हैं। सब कुछ यहीं से सीखा है आपने।"

असीम :

"गलत कह रहे हैं आप । मैं आपकी इस लाश का अंग नहीं हूँ। हां मैं यहीं जन्मा और पला बढ़ा पर मैं कुछ सीखा नहीं इससे। एक लाश से मैं क्या सीख सकता हूँ भला। मुर्दा शरीर मुर्दा समाज को देखा ज़रूर मैंने। पर सीखा सब कुछ स्वयं से है। सारा ज्ञान खुद में बनाया और विकसित किया है । मैं आपके इस मृत समाज का अंग न बनना चाहता था, न बनना चाहूँगा।"

"मेरा अपना समाज है जहां जीवन , कला और सृजन की पूजा होती है । जहां पारिश्रमिक में उत्साह, और शांति मिलती है और जहाँ भय, चिंता और शक जैसी दुर्भावनाएं जन्म लेने से पहले ही मौत का शिकार हो जाती हैं । उस समाज का अंग हूँ मैं जहाँ जीवन को जिया जाता है और मृत्यु का आलिंगन करते समय एक संतुष्टि की भावना महसूस होती है।"

कौशल :

"तो आप अपने उस महान समाज में जाकर क्यों नहीं रहते । कम से कम हमें तो चैन से रहने दीजिये।"

असीम :

"मेरे समाज की कोई सीमाएं नहीं हैं कौशल जी । सीमाएं आपके समाज की हैं जो अब टूटना शुरु हुई हैं । चिंता आपको होनी चाहिए। । भय भी आप करिये । मुझे मेरा उद्देश्य पूरा होने को प्रसन्नता है । मैं अपनी फिल्म की सफलता से बहुत खुश हूं । और आपकी चिन्ताओं और दुखों को बाटने का मेरे पास समय नहीं ।"

कुमार :

हस्तक्षेप करके

"अंतिम निर्णय का समय आ चुका है । हम सभी मूल प्रश्नों पर बहस कर चुके हैं । मैं अपना अंतिम निर्णय देने से पहले अपने साथियों नीलेश, जयंत और राजेश से उनकी राय और व्यक्तिगत निर्णय जानना चाहूंगा ।"

नीलेश :

"प्रतिबिम्ब एक लीक से हटकर बनाई गई फिल्म है । इसलिए उसे इस विशेष प्रक्रिया से होकर गुजरना पड़ा। कई बार देखने के बाद भी कुछ प्रश्नों का जवाब ढूंढ पाना मुश्किल लग रहा था क्योंकि सम्भव था कि हम एक ही पक्ष से सोच रहे हों ।"

"सारे पहलुओं के उपर खुली बहस एक आवश्यकता बन गई थी और इसीलिए यहां असीम जी आपको और हम सबको यहाँ पक्ष और विपक्ष बनकर आना पड़ा । स्थिति थोड़ी स्पष्ट तो अवश्य हुई है । निर्णय लेना या राय जाहिर करना अब

आसान हुआ है ।"

"मेरा प्रश्न आपके द्वारा धन बटोरने पर था । आरोप था कि आपका उद्देश्य मात्र पैसा कमाना है। वर्तमान समाज की प्रचलित धारणाओं के अनुसार मात्र धन कमाना भी एक प्रकार की लूट मानी जाती है । शायद इसीलिए हम आज भी सिर्फ एक विकासशील समाज है । मैं इस बारे में ज्यादा कुछ नहीं बोलना चाहता । बस कामना करता हूँ कि स्थिति जल्दी ही सुधरे ।"

"मेरे अनुसार आपका उद्देश्य धन कमाना तो था ही, जिसमे कोई बुराई नहीं, कोई अपराध नहीं साथ ही आपका उद्देश्य वर्तमान में प्रचलित हमारी सामाजिक बुराइयों का निर्भीक और वास्तविक चित्रण भी था । आप सफल रहे इसकी आपको बधाई ।"

"परन्तु साथ ही फिल्म का माध्यम एक पूरे समाज से जुड़ा है । परिस्थिति जो भी हो सम्भव है कि समाज की अपरिपक्वता और कुरूपता का कुछ दण्ड आपको झेलना पड़े । पर मुझे पूरा विश्वास है कि आप इसके लिए पूर्ण रूप से तैयार हैं ।"

कुमार :

"धन्यवाद नीलेश। जयंत ?"

जयंत :

"धन्यवाद कुमार । नीलेश की बात से मैं सहमत हूँ । यद्यपि आपका उद्देश्य पूरी तरह से स्पष्ट और त्रुटिहीन है पर शायद यह समाज स्पष्ट सत्य देखने की हिम्मत नहीं रखता है। समाज की इस कुरूपता का दण्ड समाज को तो मिल ही रहा है , क्योंकि यह कुरुपता ही उसका अभिशाप है पर साथ में जाने अनजाने में आप भी इसमें फंस जाते हैं ।"

"यह आपका कुसूर नहीं बल्कि स्पष्ट कहा जाए तो यह तथाकथित " सुन्दर समाज " ही प्रतिबिम्ब जैसी निर्भीकता और सत्यता को देखने का अधिकृत नहीं ।"

"मेरा प्रश्न आपकी फिल्म में चित्रित हिंसा पर था । जहां तक मेरा चिंतन और निर्णय शक्ति पहुँचते हैं, हिंसा का परदे पर दिखाना कोई अपराध नहीं कहा जा सकता क्योकिं यह हिंसा हमारा ही सत्य है । पर जहां हर कोने पर, हर मोड़ पर यही सत्य बिखरा हुआ हो, जहां हिंसा ही सरकारी कानून हो, हिंसा ही शक्ति हो वहां ऐसे सत्य का कोई मूल्य नहीं।"

"जिस प्रकार मृत्युशैया पर लेटने से पहले सारे सत्य बंद हो जाते हैं और मृत्यु ही एक मात्र सत्य बचता है और उसके साथ होती है शांति उसी प्रकार आज पतन ही एक मात्र सत्य है और साथ में है शांति । जीवन आज शांत है, निस्तेज है । शायद ऐसे में सत्य की बात कहना ही एक अपराध है और आप ऐसे ही एक अपराधी है ।"

कुमार :

"धन्यवाद जयंत। राजेश?"

राजेश :

"समाज में नारी की जो स्थिति आ गई है उसके लिए एक एक हिस्सा जिम्मेदार है । दोष सिर्फ दोष होता है । विकार सिर्फ विकार होता है । न कम न ज्यादा । यह प्राकृतिक स्वभाव होता है समाज का कि उस पर तमाम तरह की बुराइयों का आक्रमण होता है । पर आक्रमण का स्त्रोत कोई बाहरी नहीं, अंदरूनी कमजोरी ही होती है । यदि हममें स्वयं ही वह शक्ति नहीं है जो इन विकारों और कालिमाओं से लड़ सके तो यह कमी हमारी स्वयं की है ।"

"हम स्वयं चुनते हैं अपने लिए एक एक प्रथा, एक एक गुण और एक एक नियम। विकार हमारा है कि हमने आंख बंद करके सारी प्रथाओं को पनपने दिया । इस विवेक हीनता के दौर में आपकी फिल्म निश्चय ही सही दिशा में उठाया गया एक निर्भीक कदम है । परन्तु समाज विवेकहीन, भयभीत और विकृत अवस्था में है भी एक वर्तमान सत्य है और हमें अंतिम निर्णय लेते समय यह ध्यान रखना पड़ेगा ।"

कुमार :

"आप तीनों का बहुत बहुत धन्यवाद । असीम जी, कौशल जी आपका भी बहुत बहुत धन्यवाद । अंतिम निर्णय तैयार है । प्रस्तुति से पहले सदस्यों से विमर्श कर स्वीकृति लेना चाहूंगा।"

राजेश, नीलेश, व जयंत पढ़ कर स्वीकृति देते है और हस्ताक्षर करते हैं अंतिम रिपोर्ट पर

कुमार :

"प्रतिबिम्ब एक महान प्रयास है, एक महान कृति है जिसमें समाज के दिखावे की सत्यता स्पष्ट हुई है । प्रतिबिम्ब एक सत्य घटना पर आधारित कथा है और इससे इसका वजन और भी बढ़ जाता है। प्रतिबिम्ब एक परिपक्व विचारधारा को बढ़ावा देती है, एक ऐसी विचारधारा जो हमारी कुरीतियों को पहचाने में और उन्हें नकारने में सक्षम है। तकनीकी पहलुओं से भी यह फिल्म एक उच्च कोटि की फिल्म है ।"

"यह फिल्म जिस विचारधारा को, जिस चिन्तन को प्रोत्साहित करती है और प्रस्तुत करती है, वह धरातल हमारे वर्तमान समाज में अपना स्वरुप खो सा चुका है । सम्भवतः यही प्रतिबिम्ब का दोष है । यद्यपि सारे लगाए आरोप निराधार सिद्ध हुए हैं और विजय प्रतिबिम्ब की ही हुई है पर फिर भी दण्ड को भागी भी प्रतिबिम्ब ही है ।"

"यह समाज इतना विचारशील और समर्थ नहीं कि ऐसा सत्य सहन कर पाए या समझे भी पाए । लिहाजा अपनी जिम्मेदारी को वहन करते हुए, समाज की शांति को पूर्ण प्राथमिकता देते हुए आम राय से प्रतिबिम्ब को आपत्तिजनक सिध्द किया जाता है।"

"अंतिम निर्णय के अनुसार प्रतिबिम्ब के मूल स्वरुप से लगभग चालीस दृष्य निकाल दिये जायेंगे और शेष फिल्म को ठीक एक माह बाद प्रदर्शित करने की अनुमति दी जाएगी । काटे जाने वाले दृश्यों का चुनाव लगभग हो चुका है ।

पूर्णतः चुनाव आज शाम तक हो जाएगा।"

"कौशल जी हमें खेद है कि आपके आरोपों की सत्यता सिध्द न की जा सकी।
असीम जी, हमें खेद है कि निर्दोष होते हुए भी बाहरी कारणों के कारण आपकी फिल्म को दण्ड का भागी बनना पड़ा। निर्णय पूर्ण हुआ। धन्यवाद।"

विसर्जन

लघु दृश्य

रागिनी :

"अब क्या करोगे असीम ?"

असीम :

"मेरी धोबिन, अब दूसरी फिल्म बनाऊंगा लैला मजनूँ की कहानी पर और उसमें छुट्टन चाटवाले का स्पेशल रोल होगा ।"

रागिनी :

"पर इस बार नीरज न टपके बीच में ...."

नीरज का प्रवेश

नीरज :

"हैलो एवरी बॉडी ! क्या प्लॉन बन रहे हैं ?"

असीम :

"सत्यानाश हो तेरा !"

असीम व रागिनी उसे घर से बाहर निकालते हैं

नाटक समाप्त